LA RAGE D'ENTREPRENDRE

Conseil éditorial : Marie-Cécile Germiyanoglu
pour Reworld Media Edition
Rédaction : Caroline Bapt

Relecture-correction : Claire Bélet et Christophe Mata-Julien
Couverture : Caroline Gioux
Photo de couverture : © Catherine Delahaye
Maquette : Sébastienne Ocampo

une marque des éditions Leduc
76, boulevard Pasteur
75015 Paris - France
ISBN : 978-2-37935-440-3

Stéphanie
Delestre

LA
RAGE
D'ENTREPRENDRE

ALISIO

À ma mère

À mon père

À Annick

SOMMAIRE

LA RÉUSSITE N'EST PAS UNE LIGNE DROITE

Dans *La Rage d'entreprendre*, je partage avec vous les échecs, les leçons et les victoires qui ont fait de moi une entrepreneuse aguerrie. Ce livre, c'est une feuille de route pour ceux qui ne craignent pas de sortir des sentiers battus, de prendre des risques et de transformer l'échec en réussite. Vous voulez réussir dans l'entrepreneuriat ? Alors préparez-vous à affronter les tempêtes, à vous relever plus fort à chaque coup, et à créer l'entreprise dont vous rêvez.

CHAPITRE 1

LA VISION D'UNE GAGNANTE

C'était un lundi soir de mars 2020, une date que je n'oublierai jamais. Il était déjà 20 heures passées, et je rentrais chez moi après une grosse journée chez Qapa. Depuis plusieurs jours, les médias ne parlaient que d'une chose : un possible confinement imminent. Mais personne ne savait vraiment à quoi s'attendre. En franchissant la porte de mon appartement, mon téléphone a sonné. C'était Olivier, mon cofondateur, et Laurent, mon CEO. « Stéphanie, ils ferment tout. Le président Macron vient d'annoncer le confinement général. On doit réagir, et vite. » Mon cœur s'est arrêté un instant, et j'ai senti une montée de stress immédiate. En une fraction de seconde, tout ce que nous avions construit risquait de s'effondrer. Nos intérimaires travaillaient partout en France, et les entreprises allaient sûrement mettre fin à leurs contrats. Le pire scénario venait de se réaliser : et si tout s'arrêtait là ? et si nous perdions tout ? Mon souffle s'est coupé, mais une chose était certaine : il fallait réagir, très rapidement.

Je me suis assise, j'ai allumé mon ordinateur, prête à mener la bataille. Et les messages ont commencé à affluer. Des entreprises nous demandaient de suspendre immédiatement les missions, invoquant la force majeure. Quelques intérimaires m'ont aussi téléphoné, inquiets. La peur dans leur voix était perceptible. Je leur ai dit qu'on les tiendrait informés dès que possible. À minuit passé, lessivée, je devais dormir pour reprendre des forces. La nuit, j'aime regarder les lumières de Paris, mais cette fois je ne voyais que du flou, de l'incertitude. C'était comme si un brouillard s'était abattu sur mon avenir, sur celui de Qapa, et sur celui de toutes les personnes qui comptaient sur nous. À ce moment précis, une pensée glaçante m'a traversé l'esprit : « C'est peut-être la fin de Qapa. »

Mais au lieu de céder à la panique, j'ai pris une profonde inspiration. Comme un joueur d'échecs, j'ai commencé à envisager mes prochains coups, déterminée à trouver la meilleure stratégie pour sauver notre entreprise. Mon esprit tournait à mille à l'heure, analysant chaque détail, chaque possibilité. Chaque scénario catastrophe défilait devant mes yeux, mais je savais que rester immobile n'était pas une option. L'appui de l'équipe a été fondamental. Laurent Delaporte, Olivier Zier et moi avons passé la soirée à échanger des idées et à préparer des plans B. Nous savions que nous devions rester solides et soudés pour traverser cette tempête. Cette nuit-là, en cherchant désespérément des solutions pour sauver notre entreprise, je me suis rappelé que les plus grandes épreuves de la vie peuvent aussi révéler des forces insoupçonnées.

Avant d'être une entrepreneuse, j'étais déjà une battante. Bien avant de diriger une entreprise, j'ai dû affronter des épreuves qui ont forgé mon caractère. J'avais 13 ans quand j'ai découvert ce que signifiait réellement perdre quelqu'un. Mon père, qui était plein de vie et que j'aimais plus que tout, a été emporté en quinze jours à peine. Cet été-là, j'ai compris ce que signifie lutter, non pas pour réussir, mais simplement pour survivre.

On est en août 1984, dans le Loiret. L'été est brûlant. Nous sommes en vacances chez mes grands-parents. On profite des longues journées ensoleillées et on regarde à la télé les Jeux olympiques de Los Angeles et les exploits de Carl Lewis. Mon père, habituellement énergique, commence à se plaindre de violents maux de tête. Au début, personne ne s'inquiète, pensant que c'est simplement la fatigue accumulée après une année de travail intense. Mais le lendemain, ses douleurs deviennent insupportables. Il ne peut plus se lever, il ne peut plus manger. Face à cette souffrance, mes

LES PLUS GRANDES ÉPREUVES DE LA VIE PEUVENT RÉVÉLER DES FORCES INSOUPÇONNÉES.

grands-parents l'emmènent chez le généraliste qui comprend tout de suite que c'est grave. Il lui fait passer des examens, prise de sang, scanners. Le verdict tombe : cancer du cerveau. La nouvelle nous frappe comme un coup de tonnerre. Mon père est transféré d'urgence à l'hôpital Cochin à Paris.

Je me souviens de la dernière fois que je l'ai vu. C'est un dimanche. Mes grands-parents et ma mère ont hésité à m'amener, ont eu peur que ce soit trop dur pour moi. Mais mon oncle Gérard, très proche de mon père, a insisté. Dans la chambre d'hôpital, mon père dort paisiblement. En fait, il est dans le coma. Il a beaucoup maigri. Il semble si fragile, tellement différent de l'homme fort et rassurant que j'ai toujours connu. Je lui prends la main, incapable de prononcer un mot, les larmes brûlant mes joues. Je l'embrasse, je lui dis je t'aime. C'est notre adieu silencieux.

Le lendemain, il est parti.

Je suis chez ma tante Annick à Vitry-sur-Seine quand la nouvelle tombe. L'ambiance est à la fois triste et pleine de tendresse. Le téléphone sonne. Ma tante se lève pour répondre. Je l'entends : « Oui… oui, hum, oui, hum… d'accord. » Au plus profond de moi, je sais déjà. Je sens que tout va basculer. Quand ma tante revient dans la cuisine, il y a une grande tristesse sur son visage. Je lui dis : « Papa est mort, n'est-ce pas ? » Elle me répond : « Non, non, ce n'est rien, c'est un faux numéro. » Mais je sais. « Non, ce n'est pas vrai. » Elle me regarde avec des yeux remplis de larmes et hoche la tête. « Oui, ton papa est mort, mais ne t'inquiète pas, nous serons là pour toi. »

Le choc est immédiat ; la douleur, fulgurante. J'ai 13 ans et la mort de mon père brise quelque chose en moi, laissant un vide immense. Je sais que rien ne sera plus jamais comme avant. J'ai perdu mon repère. Deux choix s'offrent à moi : sombrer ou me battre. Quand on est adolescent, les émotions sont décuplées. La tentation de tout lâcher est forte. Je suis perdue, je ne sais pas comment je vais pouvoir avancer. Un instant, j'envisage même d'en finir pour mettre fin à cette douleur. Mais quelque chose de plus fort me pousse à avancer. Je choisis de me battre. Ce n'est pas dans ma nature de renoncer. Le deuil est une épreuve de chaque instant. Elle dure encore aujourd'hui. Je vois la tristesse dévorer mes grands-parents qui ont perdu leur fils. Je me promets de rester forte, pour eux, de ne pas les abandonner dans leur chagrin. Mon instinct de survie, de guerrière, prend vite le dessus. Je suis déterminée à lutter : quitte à vivre mon existence, il faut qu'elle soit la plus belle possible. Chaque jour est un combat, mais je me bats pour honorer la mémoire de mon père et pour trouver ma place dans ce monde bouleversé.

QUELQUE CHOSE DE PLUS FORT ME POUSSE À AVANCER.

Vivre en HLM dans la cité de Makarenko à Vitry-sur-Seine avec ma mère m'a appris une autre leçon : il faut se battre pour trouver sa place dans la société. Ma mère m'a inculqué des valeurs essentielles : la résilience, la persévérance et l'obstination pour ne jamais abandonner, peu importent les obstacles. Même si l'argent manquait parfois, notre maison était remplie d'amour et de joie. J'ai eu une enfance heureuse grâce à l'affection et au soutien de mes parents, mes grands-parents, mes oncles et mes tantes. Ces valeurs sont devenues mon ancre pour me stabiliser, et mon moteur pour avancer. Les épreuves, les défis et la perte de mon père ont structuré mon caractère, c'est certain. J'ai appris que peu importent les obstacles, cette vie est la mienne, et je ne lâcherai rien. Il y a des situations où tout paraît trop compliqué, où les aléas de la vie semblent insurmontables. Mais je crois fermement que dans chaque difficulté se cache une opportunité de devenir plus fort. Et je crois aussi que grandir dans une cité m'a donné cette rage de m'en sortir, dans laquelle je puise tous les jours pour mener mon chemin d'entrepreneuse.

Ce n'est pas uniquement mon caractère qui m'a permis de tenir bon. J'ai cette soif de victoire profondément enracinée en moi, ce besoin de montrer que tout est possible avec de l'effort et de la volonté. J'adore gagner. Pour moi, un leader doit toujours montrer l'exemple. Être exemplaire, c'est : arriver avant ses collaborateurs et partir après eux, travailler plus qu'eux, signer plus de clients et résoudre plus de problèmes. Je veux être ce capitaine qui mène son équipe au front, celui qui montre que rien n'est insurmontable quand on est ensemble.

J'ai aussi été élevée par des grands-parents qui m'ont appris deux valeurs : la discipline et le sens des responsabilités. Issus de milieux modestes, ils ont travaillé dur pour offrir une vie décente à leur famille. En les observant, j'ai compris que le travail n'*était pas seulement une nécessité*, mais une source de fierté, une manière de transformer sa vie. Ils ne se plaignaient jamais parce qu'ils trouvaient du sens et du plaisir dans ce qu'ils faisaient. Leur exemple m'a appris que l'engagement et la passion finissent toujours par porter leurs fruits. Dès l'enfance, j'ai eu cette vision claire : je voulais sortir de ma situation et réaliser mes rêves. Pour y arriver, il était impératif d'exceller à l'école, d'apprendre des autres et, surtout, de les écouter. C'*était ma boussole*, la voie à suivre pour transformer ma vie.

JE VOULAIS SORTIR DE MA SITUATION ET RÉALISER MES RÊVES.

Aujourd'hui, avec Internet, tout est simple. On peut devenir expert dans n'importe quel domaine en quelques clics. Mais dans mon enfance, c'était autre chose. En grandissant à Vitry-sur-Seine, j'ai eu la chance d'avoir accès à beaucoup d'activités enrichissantes. J'ai pu aller au conservatoire pour apprendre le solfège et le piano. J'ai aussi pratiqué la danse classique et moderne. Ces activités artistiques m'ont enseigné l'engagement et la patience. Chaque cours de musique ou de danse était une petite leçon de persévérance, et m'a appris que l'excellence ne vient pas du jour au lendemain. Ces expériences ont façonné mon parcours et la personne que je suis aujourd'hui, elles m'ont préparée à affronter chaque défi avec détermination.

J'ADORE
GAGNER.

Petite, je voulais diriger une entreprise, avoir des responsabilités *était pour moi un symbole de succès*. Ce rôle d'entrepreneur me fascinait, avec ses multiples facettes et ses défis constants. Ce désir de leadership est resté mon moteur tout au long de ma vie, me poussant à viser toujours plus haut, à ne jamais abandonner. Je voyais le métier d'entrepreneur comme un moyen de gagner mon indépendance financière, de contribuer aux besoins de ma famille, mais aussi de canaliser mon énergie sans m'ennuyer. Rapidement, j'ai compris que, pour réaliser cette ambition, je devais me former, apprendre et, surtout, devenir polyvalente : financier, recruteur, commercial, marketeur. Il n'y a rien de plus stimulant que de jongler entre plusieurs casquettes, résoudre des problèmes variés et bâtir quelque chose de concret à partir de rien.

Pourtant, il n'y avait ni chefs d'entreprise, ni artisans, ni commerçants autour de moi. Mon quotidien était à des années-lumière de cet univers. Mais à la fin des années 1990, avec l'arrivée d'Internet, un monde nouveau s'ouvrait devant moi, où tout devenait possible, où chaque idée pouvait devenir réalité, où chaque ambition pouvait se transformer en entreprise. J'ai vu tout de suite l'immense potentiel d'Internet et son pouvoir de transformation.

Pour moi, il est inconcevable que je ne donne pas mon maximum. Travailler moins que mes collaborateurs ? Impensable. Je ne pourrais pas les guider correctement si je ne m'investissais pas pleinement. Le respect du travail, la rigueur et l'intégrité que j'ai acquis dès mon enfance sont les fondations de mon action quotidienne.

Ma routine matinale reflète cette quête d'efficacité. Je ne suis pas de ceux qui se lèvent tôt pour faire du sport, ou du yoga, ou prendre un bon petit déjeuner. J'ai besoin de dormir, et depuis que je suis entrepreneuse, chaque minute de sommeil est précieuse. Je mise tout sur l'action et l'efficacité. Je saute le petit déjeuner et je file sous la douche pour me réveiller. Je choisis mes vêtements avec soin, en fonction de ma journée, pour être mentalement prête à ce qui m'attend. Puis je plonge dans le travail. Je commence par checker mes mails, je traite les urgences et je passe en revue ma *to do list*, en espérant avoir été suffisamment disciplinée la veille pour que tout soit en ordre. Pour moi, tout repose sur une seule chose : l'exécution. Planifier, c'est bien, mais ce qui fait la différence, c'est la capacité de passer à l'action, rapidement et efficacement. J'enchaîne les tâches les unes après les autres et suis mon agenda avec rigueur. Je m'accorde des moments, seule, souvent en marchant, pour réfléchir à des stratégies importantes comme la réponse à un appel d'offres. J'aime commencer ces réflexions seule avant de les partager avec mon équipe pour les challenger et les affiner avec elle. Ce caractère de *warrior* est un énorme booster. Cette énergie et cette rage de vaincre me poussent à aller toujours plus loin, à viser toujours plus haut.

POUR MOI, TOUT REPOSE SUR UNE SEULE CHOSE : L'EXÉCUTION.

Lorsque j'ai remporté pour Qapa un deal de plus de 10 millions d'euros de chiffre d'affaires par an, j'avais travaillé sans relâche, réfléchi à chaque détail pour élaborer une stratégie efficace. Le résultat a été à la hauteur de mon engagement, de l'énergie et de l'intelligence que j'y avais investies. À ce moment clé de ma carrière, tout mon travail, tous mes efforts ont payé. Il n'y a rien de plus gratifiant que de voir des mois, des années de travail aboutir à un tel succès. La fierté que j'ai éprouvée en annonçant cette réussite à mon équipe était indescriptible. Cette victoire a allégé notre stress, notre charge mentale, et nous a permis d'envisager l'avenir avec optimisme. Une fois vécue, cette sensation incroyable, pur shoot d'adrénaline comparable à celui que vit un champion olympique recevant une médaille d'or, crée un cercle vertueux de la gagne. Comme le disent les sportifs de haut niveau, il est important de visualiser la victoire, et quand on a la chance d'en vivre une, on n'a qu'une envie : recommencer, encore et encore.

Mais la vie nous réserve des surprises qui mettent à l'épreuve même les plus grands gagnants. Dans le monde impitoyable de l'entrepreneuriat, chaque sommet atteint ouvre la voie à des épreuves plus exigeantes. Les victoires d'hier ne sont que les fondations sur lesquelles se construisent les défis de demain. Ce fameux lundi soir de mars 2020, alors que je faisais face à la possibilité de perdre mon entreprise, j'ai puisé dans la force et l'expérience que j'avais accumulées au fil des années. Je savais que je pouvais surmonter cette nouvelle épreuve, tout comme j'avais surmonté la perte de mon père.

LA RÉSILIENCE EST UNE QUALITÉ INDISPENSABLE.

Pour une entrepreneuse, la résilience est une qualité indispensable. Ce n'est pas simplement se relever après un échec, c'est être prête mentalement à affronter les tempêtes avant qu'elles ne se lèvent et à visualiser la victoire, même dans les moments les plus sombres. Cette résilience m'a permis de tenir bon dans les moments les plus critiques, et grâce à elle, aujourd'hui, je ne crains plus les difficultés. À travers tous ces défis et apprentissages, chaque étape m'a préparée à faire face à l'adversité avec détermination. Être une gagnante, c'est se fixer des objectifs ambitieux et tout mettre en œuvre pour les atteindre, en restant fidèle à ses principes et en respectant les autres. C'est une quête sans relâche, une discipline de vie. Cette vision, forgée par les épreuves et les victoires, me guide aujourd'hui dans tout ce que j'entreprends.

**MA MÈRE
M'A INCULQUÉ
DES VALEURS
ESSENTIELLES :
LA RÉSILIENCE,
LA PERSÉVÉRANCE
ET L'OBSTINATION.**

FICHE PRATIQUE 1

CE QUE J'AURAIS AIMÉ SAVOIR AVANT DE ME LANCER

❶ Choisis la résilience avant tout

La vie d'un entrepreneur est faite de montagnes russes. Apprendre à encaisser les coups sans jamais baisser les bras est une compétence essentielle. Chaque difficulté est une opportunité déguisée, une occasion de se renforcer. Concrètement, cela veut dire : accepter les échecs comme des étapes de l'apprentissage et toujours rebondir avec de nouvelles idées.

❷ Prépare-toi à l'imprévu

Que ce soit une crise économique, une pandémie ou une surprise du marché, l'incertitude fait partie du quotidien. Envisage les pires scénarios et construis des plans d'urgence. Pour cela, mets en place des stratégies alternatives (plan B, C, etc.) et anticipe les crises en ayant des ressources disponibles (financières, humaines, logistiques).

❸ Apprends à réagir sous pression

Quand tout s'effondre autour de toi, l'important est de garder la tête froide et de passer à l'action rapidement. En période de crise, il est crucial de prendre des décisions rapides et éclairées. Mets en place des processus clairs pour réagir à des situations d'urgence avec ton équipe.

❹ Entoure-toi d'une équipe solide

Le succès repose sur les épaules de ceux qui t'accompagnent. Construis une équipe capable de soutenir tes projets, même dans les moments difficiles. La clé est d'avoir des collaborateurs fiables et complémentaires, sur qui tu peux compter et qui partagent ta vision.

❺ Souviens-toi que la discipline et la vision à long terme vont de pair

La discipline quotidienne te permet de maintenir le cap dans les moments difficiles, mais c'est en gardant une vision claire de tes objectifs à long terme que tu pourras réellement surmonter les crises. Fixe des objectifs ambitieux et relis-les régulièrement pour ne pas te laisser distraire par les urgences du quotidien. Cela te permettra de continuer à avancer avec discipline, tout en gardant en vue ton but.

❻ Garde en tête que le travail acharné n'a pas de substitut

Rien ne remplace l'effort. Être entrepreneur, c'est accepter de travailler plus que les autres. Pour y arriver, organise ton emploi du temps avec rigueur, priorise les tâches importantes et reste concentré sur les actions qui te rapprochent de tes objectifs.

❼ Utilise chaque épreuve comme un tremplin

Les difficultés que tu rencontres peuvent être des opportunités pour progresser. Plutôt que de craindre l'échec, apprends à le transformer en force. Après chaque revers, fais le bilan et trouve les leçons à tirer pour éviter de reproduire tes erreurs.

❽ Persévère dans les moments de doute

Même lorsque tout semble perdu, ne perds jamais de vue ta capacité à réussir. Le doute est normal, mais la persévérance te permettra de traverser ces moments difficiles. Continue d'avancer, même à petits pas, et garde en tête que chaque jour te rapproche de ton objectif.

❾ Valorise ton instinct

Ton instinct est souvent ton meilleur conseiller. Apprendre à lui faire confiance te permet de prendre des décisions rapides et justes, surtout en période d'incertitude. Écoute tes intuitions, même si elles vont à contre-courant de ce que les autres te disent, et sois prêt à prendre des risques calculés.

EXERCICES

1. Identifier les moments de résilience : Prends 5 minutes pour écrire 3 situations où tu as dû faire preuve de résilience dans ta vie ou ton entreprise. Quelles leçons en as-tu tirées ? Comment as-tu rebondi ?

1. ....

....

....

....

....

2. ....

....

....

....

....

3. ....

....

....

....

....

Action immédiate : Pour chaque leçon, note une action que tu peux mettre en place pour mieux gérer un futur obstacle.

....

....

....

....

....

....

....

2. Anticiper l'imprévisible : Liste les 5 plus grandes crises ou imprévus qui pourraient toucher ton entreprise (économiques, sociaux, technologiques).

1. ....
2. ....
3. ....
4. ....
5. ....

Action immédiate : Pour chaque crise, développe un plan B et C. Prévois des solutions alternatives et révise ces plans chaque trimestre.

1. ....
2. ....
3. ....
4. ....
5. ....

3. Transformer les défis en apprentissages : Chaque mois, prends 30 minutes pour revenir sur les plus gros challenges rencontrés dans ton entreprise. Quelles erreurs ont été faites ? Quelles leçons en tirer ?

....

....

....

....

....

....

....

....

Action immédiate : Organise une réunion mensuelle avec ton équipe pour discuter des leçons apprises et ajuster votre stratégie en conséquence.

CHAPITRE 2

LES RACINES DE LA RÉSILIENCE

Ne jamais céder. Ne jamais céder à la fatigue, à l'épuisement émotionnel. Ces principes ne sont pas juste des idées en l'air. Ils sont gravés au plus profond de moi, et ils façonnent ma vie quotidienne. Baisser les bras ? Impossible. Pour moi, renoncer, c'est accepter de perdre un peu chaque jour, et je refuse de vivre dans cette réalité. J'ai grandi avec cette conviction : continuer, coûte que coûte. On ne lâche rien, jamais !

Attention quand même, la vie d'entrepreneur est souvent synonyme de longues heures de travail, de stress, et de pression pour réussir. Sans un équilibre solide entre vie professionnelle et vie personnelle, le burn-out guette. J'ai moi-même appris que prendre du temps pour soi n'était pas une faiblesse, mais une nécessité pour rester efficace sur le long terme. Savoir s'arrêter, se ressourcer, et déléguer fait partie intégrante de la réussite. Un entrepreneur en bonne santé mentale est un entrepreneur plus performant. Les signes d'épuisement doivent être pris au sérieux : la fatigue chronique, la perte de motivation ou l'irritabilité sont autant de signaux d'alerte. Apprendre à écouter son corps et son esprit est tout aussi important que d'écouter ses collaborateurs. Gardez en tête qu'un entrepreneur n'a pas besoin d'être un super-héros ; il a besoin d'être un leader capable de prendre soin de lui-même pour mieux guider son équipe.

Je dois en grande partie cette force à mes parents. Ils ont été mes premiers modèles, ceux qui m'ont montré, par l'exemple, ce que signifie vraiment se battre. Mon père, né en 1942, avait deux frères et ma mère, née en 1943, trois sœurs. Ils ont tous deux grandi dans l'après-guerre, une époque de privations où tout était rare. Leurs familles modestes leur ont appris la solidarité, le partage. Leur vie était une succession de petits sacrifices, mais aussi de grands gestes de générosité, qui marquaient leur manière d'être.

Humble, toujours prêt à tendre la main, mon père se privait souvent pour aider les autres. Je l'ai vu des dizaines de fois donner son dernier billet à un ami en difficulté, partager un repas ou se contenter d'écouter quelqu'un qui traversait une mauvaise passe pour le réconforter. Il ne parlait jamais de ce qu'il faisait, c'était naturel pour lui, et il n'attendait rien en retour. Pour moi, il est un modèle d'empathie et d'altruisme. Ses passions étaient simples : les repas en famille, les parties de belote, des instants où on trouve le bonheur dans la spontanéité. Nos dimanches en famille, moments où l'amour et la convivialité régnaient, étaient sacrés. Même après sa disparition, ses leçons continuent de me guider. Ces valeurs sont au cœur de mon quotidien en tant que cheffe d'entreprise. Chez Volubile, chaque décision est guidée par des principes concrets et sincères. Je savais que lancer ce projet ne serait pas facile, mais je n'ai jamais voulu créer une société seulement pour le profit. Mon objectif, c'est de bâtir quelque chose de durable, de solide, avec un impact réel. Volubile, c'est une vision, une mission qui me porte chaque jour. Ce que nous construisons ici a du sens, et cette authenticité est notre plus grande force.

Ma mère, quant à elle, est le symbole de la résilience et du sacrifice. Malentendante de naissance, elle a dû affronter toute sa vie les moqueries, les préjugés et les obstacles que la société met sur le chemin des personnes différentes. Elle n'a pas pu faire de grandes études et, surtout, elle n'a pas eu la vie qu'elle aurait voulu avoir, ni avec mon père malgré leur amour profond, ni professionnellement. Enfant, je la voyais affronter chaque jour ces défis, sans jamais se plaindre, sans jamais montrer de faiblesse. Elle rêvait de travailler

ON NE LÂCHE RIEN,
JAMAIS !

avec des enfants, mais sa surdité l'en a empêchée. Alors elle est devenue dactylo puis secrétaire. Sa détermination à surmonter les obstacles m'a inculqué une force intérieure indéfectible, essentielle pour naviguer dans le monde impitoyable des affaires. Je me souviens d'une soirée après une journée particulièrement difficile. Ma mère m'a prise à part et elle m'a raconté comment elle avait surmonté les moqueries et les vexations au travail. « Ne laisse jamais les autres te définir, m'a-t-elle dit. Utilise leurs doutes comme un tremplin pour montrer ce dont tu es capable. » Chaque fois qu'on me dit : « C'est impossible », je pense à elle, et je sais que je peux prouver le contraire.

Très tôt, j'ai compris que la vie ne serait pas facile. Dès l'âge de 14 ans, à la mort de mon père, j'ai pris en main la gestion du foyer. Travailler pour financer mes études n'était pas une option, mais une nécessité que j'avais acceptée avec détermination. L'un de mes souvenirs les plus marquants de cette période, c'est l'absence de machine à laver. Nous n'avions pas les moyens d'en acheter une et, sans voiture, nous transportions notre linge sale chez mes grands-parents chaque dimanche. Je me souviens encore du Caddie qu'on utilisait. Il roulait à la peine sur les trottoirs du quartier, mais c'était notre seule option. Arrivés chez mes grands-parents, nous faisions tourner la machine, puis, une fois le linge propre et plié, nous le rapportions chez nous de la même manière. Ces moments m'ont appris la ténacité. Rien n'était simple, mais il fallait le faire.

Ces valeurs me sont encore précieuses aujourd'hui. Dans les moments difficiles, je me souviens de ces dimanches, et je trouve la patience et la persévérance. Quand je rencontre un obstacle, je respire, j'analyse la situation et je cherche une solution. Cette résilience, acquise à travers les petites épreuves du quotidien me permet aujourd'hui de mener à bien mes projets. De toute façon, Olivier Zier, mon cofondateur chez Qapa, me dit toujours : « S'il y a un problème, il y a une solution. S'il n'y a pas de solution, c'est qu'il n'y a pas de problème ! »

Aujourd'hui encore, je retrouve cette leçon de résilience en regardant ma mère. Elle a eu un grave AVC le 18 décembre 2018, elle a passé six mois à l'hôpital, et se retrouve en fauteuil roulant. Chaque mouvement du quotidien est devenu pour elle une épreuve. Se déplacer du lit au fauteuil, se laver, s'habiller est un défi en soi mais elle garde le sourire, reste coquette et continue de se battre chaque jour. Je la vois tous les week-ends et on regarde la télé, on discute des livres et magazines qu'elle lit, ces moments partagés sont des havres de réconfort. Nous rions souvent. Ma mère adore rire et notre complicité est une source inestimable de motivation. Quand je la vois, je me dis que si elle peut surmonter cela, je peux affronter n'importe quel obstacle dans ma vie professionnelle.

En grandissant sans frère ni sœur, j'ai dû me créer une famille de cœur. Mes amitiés ont été mes piliers, mon soutien inébranlable. Ma relation avec Stéphanie a marqué mon enfance d'une manière profonde et indélébile. Elle vivait dans la même cité que moi, escalier K. Chez elle, il y avait toujours du bruit, des rires, des cris, un contraste frappant avec le calme de ma maison. J'adorais aller chez elle et elle, venir chez moi. Nos différences nous ont rapprochées, et notre amitié est devenue un refuge. On partageait tout, des fous rires aux confidences les plus intimes. Ma mère me faisait confiance et me laissait sortir le soir en sachant que je ferais les bons choix. Elle a toujours cru en moi, en ma capacité à prendre soin de moi-même et à respecter les limites qu'elle m'avait inculquées. Cette liberté qu'elle m'accordait et cette confiance qu'elle plaçait en moi renforçaient non seulement notre lien, mais me donnaient aussi une responsabilité douce, celle de ne jamais trahir cette confiance précieuse. Avec Stéphanie et Leïla, mon autre amie d'enfance, je me sentais à la fois libre et soutenue, portée par notre complicité inébranlable et l'amour protecteur de ma mère, qui savait que ces moments partagés forgeaient en moi des souvenirs et des valeurs durables.

MA MÈRE ADORE RIRE ET NOTRE COMPLICITÉ EST UNE SOURCE INESTIMABLE DE MOTIVATION.

Pourtant, après des années de complicité, de partage et de soutien mutuel, Stéphanie et moi avons pris des chemins différents. Les études, les premières amours, les projets nous ont éloignées l'une de l'autre, presque sans que nous nous en rendions compte. Longtemps, j'ai souvent pensé à elle, me demandant où la vie l'avait menée, regrettant parfois de ne plus avoir de ses nouvelles. Et puis, juste après la diffusion de la saison 4 de l'émission *Qui veut être mon associé ?* (j'étais jurée avec Jean-Pierre Nadir, Marc Simoncini, Éric Larchevêque, Anthony Bourbon, Kelly Massol et Tony Parker), j'ai reçu par WhatsApp un message : « Steph, c'est bien toi ? » C'était ma Stéphanie ! On s'est appelées et c'était comme si on s'était vues la veille, en bas de l'escalier K. Ces retrouvailles ont ravivé en moi des souvenirs doux et nostalgiques, mais elles m'ont surtout montré que les vraies amitiés ne disparaissent jamais. Elles évoluent, se transforment, mais restent gravées en nous. Cette relation retrouvée avec Stéphanie m'a rappelé l'importance des liens que l'on tisse tout au long de notre vie : même après des années de silence, des amitiés sont destinées à perdurer. Elle m'a aussi appris que, dans la vie, tout est question de lien. Qu'il s'agisse de relations personnelles ou professionnelles, les connexions humaines sont ce qui fait avancer. Volubile, ma nouvelle start-up, ne serait rien sans les personnes qui m'entourent car c'est ensemble, en se soutenant les uns les autres, qu'on arrive à accomplir de grandes choses.

Aujourd'hui, alors que je lance Volubile, une start-up spécialisée dans l'utilisation de l'intelligence artificielle générative (l'IA Gen) pour automatiser la prospection commerciale et la relation client des entreprises avec des agents conversationnels vocaux, je trouve dans ce nouveau défi une source d'enthousiasme plutôt que de crainte. Mon moteur, c'est cette rage de réussir et cette envie constante d'apprendre, de découvrir, de prendre une idée et de la transformer en quelque chose de concret. Chaque défi est un Rubik's Cube à résoudre, et chaque pièce doit s'emboîter parfaitement. Le travail, le courage et l'engagement sont mes boussoles, mes valeurs fondamentales.

**MON MOTEUR,
C'EST CETTE RAGE
DE RÉUSSIR ET CETTE
ENVIE CONSTANTE
D'APPRENDRE,
DE DÉCOUVRIR,
DE PRENDRE UNE IDÉE
ET DE LA TRANSFORMER
EN QUELQUE CHOSE
DE CONCRET.**

Ma tante Annick a également joué un rôle immense dans ce développement et dans ma vie. Partie trop tôt après un AVC, elle m'a laissé un héritage précieux : l'amour de la liberté et de la culture. Avec elle, chaque visite au musée devenait une aventure, chaque discussion sur l'art et la littérature était une fenêtre ouverte sur le monde. Annick m'a montré que la connaissance est une forme de liberté, une clé pour s'émanciper. Elle croyait que les voyages et la culture enrichissent l'âme et nous rendent meilleurs.

Grâce à elle, je suis une lectrice passionnée, même si je ressens souvent la frustration de ne pas avoir assez de temps pour tout lire. Ayant le sommeil difficile depuis que je suis entrepreneuse, je passe beaucoup de temps, la nuit, à explorer Internet. Mes lectures sont éclectiques car je ne veux surtout pas m'enfermer dans un cadre. Je crois profondément que lire des opinions divergentes, se confronter à des points de vue opposés nous permet de grandir intellectuellement. C'est dans cette diversité que je trouve la vraie richesse. Parmi tous les livres que j'aime, *Le Petit Prince* occupe une place spéciale dans mon cœur. Chaque fois que je le relis, je retrouve une bulle de sérénité. Dans un tout autre registre, *Le Grand Livre des mathématiques* m'a littéralement ouvert les yeux. J'y ai découvert à quel point les mathématiques sont partout autour de nous, régissant l'univers avec une précision fascinante. Ce livre m'a fait réaliser la beauté et la complexité du monde qui nous entoure.

L'HUMILITÉ ET L'OUVERTURE NE SONT PAS DES FAIBLESSES MAIS DES FORCES IMMENSES.

Parmi mes lectures, les biographies de génies de l'entrepreneuriat comme Steve Jobs et Elon Musk m'inspirent profondément par leur vision, leur audace, leur capacité à redéfinir des industries entières. Ces histoires de pionniers nourrissent ma réflexion d'entrepreneuse en m'offrant des perspectives sur la manière de briser les codes et en m'incitant à oser aller là où personne n'est allé. L'histoire occupe aussi une place spéciale dans mes lectures. Elle me permet de comprendre comment les grands événements du passé influencent encore nos choix.

Aujourd'hui, je mesure pleinement la valeur du soutien de mes proches. Longtemps, j'ai gardé mes soucis pour moi, les ruminant seule. Mais désormais, je n'hésite plus à demander conseil à mes collaborateurs lorsque je commets une erreur. Cette capacité à reconnaître mes faiblesses et à ouvrir le dialogue est cruciale pour avancer.

Je pense d'ailleurs que dans l'entrepreneuriat, l'humilité et l'ouverture ne sont pas des faiblesses mais des forces immenses. Toutes ces influences m'ont donné de grandir avec une force intérieure qui me permet de surmonter les obstacles et de rester résiliente. Ces racines m'ont donné les bases pour devenir la cheffe d'entreprise que je suis. Chaque étape de ma vie, chaque leçon apprise, chaque valeur transmise par ma famille et mes proches sont les piliers de mon succès. En partageant ces expériences à travers ce livre, j'espère inspirer et guider ceux qui, comme moi, cherchent à tracer leur propre chemin vers la réussite.

FICHE PRATIQUE 2

LES CLÉS DE LA RÉSILIENCE

❶ Accroche-toi coûte que coûte

Peu importe la difficulté, ne lâche jamais. Dans l'entrepreneuriat comme dans la vie, la persévérance est la clé. Même quand tout semble perdu, fais un pas après l'autre. Garde à l'esprit que chaque petit effort contribue à long terme à ta réussite.

❷ Transforme chaque épreuve en apprentissage

Chaque défi que tu rencontres est une opportunité de grandir. Au lieu d'éviter les obstacles, affronte-les et analyse-les. Transforme chaque revers en une leçon concrète, et prends des notes sur ce que tu apprends pour éviter de réitérer tes erreurs à l'avenir. Cette méthode te permet de progresser en continu tout en te renforçant mentalement.

❸ Souviens-toi que la générosité fait toute la différence

Le bonheur et le succès ne se mesurent pas uniquement en termes financiers. Apprends à donner sans attendre en retour, que ce soit du temps, des conseils ou du soutien. Dans le monde des affaires, les relations humaines sont précieuses. Cultive-les.

❹ Ne laisse jamais les autres te définir

Comme ma mère me l'a appris, n'écoute pas les critiques destructives. Utilise-les comme une motivation pour prouver que tu peux y arriver. C'est ton parcours, personne ne peut le dicter pour toi.

❺ Construis des relations solides

Les connexions humaines te permettront d'aller loin. Entoure-toi de personnes de confiance, qui te soutiennent et partagent ta vision. Ton réseau personnel (amical et familial) et professionnel est un levier de succès, alors investis dans ces relations.

❻ Accepte l'aide, c'est un signe de force

Dans les moments d'incertitude, savoir demander de l'aide est essentiel. Cela ne fait pas de toi une personne faible, bien au contraire. Les conseils de tes proches peuvent être des bouées de sauvetage. Apprends à reconnaître tes limites et à t'ouvrir aux autres.

❼ Estime le pouvoir de la curiosité intellectuelle

Ne cesse jamais d'apprendre. La culture et la connaissance ne sont pas des options, elles sont des éléments essentiels pour innover et diriger. Explore de nouveaux domaines, lis, écoute des podcasts, participe à des conférences, voyage, enrichis ta vision du monde pour t'inspirer et innover dans ton activité.

❽ Ne perds jamais de vue tes racines

Ton passé, les valeurs que tu as reçues, les épreuves que tu as traversées forment ta colonne vertébrale. Dans les moments de doute, souviens-toi de ces fondations et puise dans cette force pour avancer.

EXERCICES

1. Connaître ses ressources internes : Écris 3 qualités personnelles qui t'ont permis de traverser des épreuves difficiles. Comment les utilises-tu dans ton quotidien d'entrepreneur ?

1. ....
2. ....
3. ....

Action immédiate : Pour chaque qualité, pense à une nouvelle façon de l'exploiter au quotidien pour améliorer ton entreprise.

1. ....
   ....
2. ....
   ....
3. ....
   ....

2. Faire face aux épreuves : Pense à une épreuve récente que tu as dû surmonter dans ta vie professionnelle. Quels ont été les 3 moments les plus difficiles, et comment les as-tu surmontés ?

1. ....
   ....
2. ....
   ....
3. ....
   ....

Action immédiate : Note 3 stratégies que tu mettras en œuvre la prochaine fois que tu seras confronté à une situation similaire.

1. ....

....

2. ....

....

3. ....

....

3. Le pouvoir de l'entourage : Dresse une liste de 5 personnes clés dans ton entourage professionnel ou personnel qui t'ont aidé dans des moments difficiles. Comment pourraient-ils continuer à te soutenir aujourd'hui ?

1. ....
2. ....
3. ....
4. ....
5. ....

Action immédiate : Planifie un rendez-vous ou un appel avec une ou deux de ces personnes pour renforcer ce lien et obtenir de nouveaux conseils.

CHAPITRE 3

ANALYSER POUR AGIR

En tant qu'entrepreneuse, j'ai rapidement compris que les défis font partie intégrante de la vie quotidienne. Chaque jour apporte son lot de problèmes, des petites contrariétés comme une machine à café en panne aux enjeux bien plus cruciaux comme une levée de fonds qui dérape ou un client stratégique qui se retire. Dans le tourbillon des responsabilités d'un chef d'entreprise, il est rare de trouver une journée sans son lot de problèmes à résoudre. C'est justement ce qui rend le rôle d'entrepreneur à la fois fascinant et terriblement exigeant. Chaque défi est un test. La clé, selon moi, n'est pas seulement de gérer ces difficultés, mais de les transformer en opportunités. Ne jamais céder à la panique, éviter les décisions hâtives dictées par l'émotion : voilà ce qui fait la différence.

Mon approche : classer les problèmes en deux catégories. Les menus tracas qui ne méritent pas qu'on s'y attarde, et les grandes problématiques qui demandent toute notre attention. Les petites urgences, comme le simple manque de café, sont traitées immédiatement. Il ne s'agit pas seulement de garder l'environnement agréable, mais de ne pas laisser ces détails s'accumuler et perturber le travail de mes équipes, pour que mes collaborateurs restent concentrés sur l'essentiel.

NE JAMAIS CÉDER À LA PANIQUE, ÉVITER LES DÉCISIONS HÂTIVES DICTÉES PAR L'ÉMOTION : VOILÀ CE QUI FAIT LA DIFFÉRENCE.

En revanche, pour les problèmes plus complexes, ma stratégie est différente. Ma première règle ? Ne jamais réagir à chaud. Même avec mon tempérament direct et parfois impulsif, je m'efforce de garder mon calme. Si une décision doit être prise, je m'assure d'avoir l'esprit clair avant d'agir. Parfois, cela signifie faire une pause, sortir marcher, ou simplement changer de perspective en partageant un moment informel avec un collègue autour d'un thé ou d'un paquet de gâteaux. Ce temps de recul est souvent la clé pour voir les choses sous un angle différent. Par ailleurs, je n'hésite jamais à consulter des experts ou à demander l'avis de mes équipes. Chacun apporte une perspective unique, et c'est souvent dans la diversité des connaissances et des expériences que se trouve la solution. Les équipes jouent donc un rôle crucial dans cette dynamique car chaque membre possède une expertise spécifique et une connaissance approfondie d'aspects particuliers de l'entreprise. Un directeur commercial, par exemple, connaît les détails de chaque client et peut offrir des insights précieux pour résoudre un conflit ou optimiser une relation. En travaillant en étroite collaboration avec eux, je m'assure que chaque décision est prise en pleine conscience des enjeux et est fondée.

À mes débuts, recevoir un courrier d'huissier me plongeait dans la panique. Le stress m'envahissait, comme si cette enveloppe scellée était le présage d'une catastrophe imminente. Aujourd'hui, cela ne me fait plus trembler. Je l'ouvre avec calme, et je réfléchis posément à la meilleure manière de réagir, quitte à rester au bureau tard pour analyser la situation, consulter mon avocat, mon expert-comptable, ou même un de mes managers, afin de préparer une réponse adéquate. Cette évolution est le résultat de nombreuses années d'expérience, forgée par l'accumulation de défis relevés les uns après les autres. L'expérience, atout inestimable, affûte ma capacité à gérer les crises avec calme et précision.

Dès mon enfance, j'ai compris que, pour tracer ma propre route, il fallait que j'apprenne à observer et comprendre le monde autour de moi, puis à agir en conséquence. Je me souviens m'être dit très tôt : « La seule façon de m'en sortir, c'est de bien travailler. » À l'époque, réussir signifiait décrocher un bac C, ce fameux sésame scientifique

**L'EXPÉRIENCE,
ATOUT INESTIMABLE,
AFFÛTE MA CAPACITÉ
À GÉRER LES CRISES
AVEC CALME
ET PRÉCISION.**

qui ouvrait tant de portes. Pourtant, les maths et la physique n'étaient pas mes matières de prédilection. Je n'étais pas douée naturellement, mais ma détermination étant sans faille, j'ai persévéré, j'ai travaillé dur, et je l'ai décroché avec des notes dont j'étais fière.

Après le bac, la réalité m'a vite rattrapée. Les écoles de commerce prestigieuses n'étaient pas financièrement accessibles pour moi à ce moment-là. Et un BTS ? Je savais que cela ne suffirait pas. Je voulais plus. J'ai donc choisi une autre voie, en intégrant une hypokhâgne qui m'a menée à la Sorbonne pour des études d'histoire. C'est là que j'ai rencontré Jean Tulard, un professeur extraordinaire, spécialiste de Napoléon. Chacun de ses cours était une aventure à travers le temps, une exploration des subtilités de l'histoire que je n'avais jamais imaginées. M. Tulard possédait ce talent rare de transformer des faits ennuyeux en récits passionnants, en épopées vivantes. Avec les autres professeurs que j'ai eus à la Sorbonne, il m'a appris bien plus que l'histoire ; il m'a montré l'art d'analyser, de lire entre les lignes, de comprendre les motivations cachées derrière les événements, pour éclairer le présent avec les leçons du passé.

En parallèle de mes études, j'ai toujours travaillé. Je rêvais d'économiser suffisamment pour me payer une école de commerce. Ainsi, dès l'âge de 14 ans, je faisais des petits boulots, divers et variés. Mon premier emploi était modeste : couper des fleurs d'oignons dans les champs. Ce travail manuel, répétitif et parfois éprouvant, m'a appris la valeur de l'effort, l'humilité face au travail bien fait, et m'a donné un premier aperçu de ce que signifie vraiment gagner son propre argent. Ensuite, j'ai été vendeuse sur le marché de la patinoire à Vitry. À 16 ans, j'ai trouvé un emploi de vendeuse dans une librairie, toujours à Vitry. Entourée de livres, j'y ai découvert un tout autre univers, plus doux, où chaque ouvrage devenait une porte ouverte vers de nouveaux horizons. J'y ai appris à apprécier la richesse du savoir et des mots, tout en développant des compétences en matière de service à la clientèle et de gestion de stock. Chaque livre vendu était une nouvelle rencontre, une nouvelle histoire partagée. Et chaque jour passé à la librairie m'enrichissait un peu plus.

Plus tard, j'ai décroché un poste de vendeuse chez Go Sport, au centre commercial Belle Épine. Cet emploi m'a plongée dans l'énergie effervescente du commerce de détail, où j'ai dû apprendre à jongler avec les demandes des clients, les promotions et les stocks. Cette expérience m'a enseigné l'art de la persuasion, de l'organisation, et l'importance de l'esprit d'équipe. Ensuite, j'ai également travaillé comme téléopératrice. Derrière mon téléphone, j'ai découvert la patience et la persévérance nécessaires pour naviguer à travers les conversations parfois difficiles, tout en gardant mon calme et en trouvant des solutions pour chaque interlocuteur.

L'IMPORTANCE DE SAISIR CHAQUE OPPORTUNITÉ.

Ces premières expériences professionnelles m'ont permis de développer une véritable capacité à analyser les situations et à agir en conséquence, une compétence essentielle qui m'a accompagnée tout au long de ma carrière. Avec du recul, je sais que ce parcours m'a inculqué la gestion du temps, mais aussi l'importance de saisir chaque opportunité. Aussi enrichissant qu'ait été mon parcours académique, il ne correspondait pas totalement aux exigences du monde professionnel de l'époque.

Une fois que j'ai eu économisé suffisamment pour me payer une école de commerce, j'ai décidé de passer le concours de l'ESCP pour intégrer un master en communication et marketing. Le défi était de taille, mais je savais que c'était la voie idéale pour apprendre des matières concrètes. J'ai réussi le concours et intégré ce master. J'ai vécu une année incroyable. Pour la première fois, je côtoyais un univers en lien direct avec le monde professionnel que je voulais rejoindre. Les échanges avec les professeurs et les mentors, les projets concrets que nous menions me donnaient un avant-goût des responsabilités et des défis qui m'attendaient.

Mes études à la Sorbonne et mon passage à l'ESCP m'ont ainsi donné deux compétences clés qui se complètent parfaitement : l'analyse et la synthèse. La capacité de décortiquer les situations, de prendre du recul et d'examiner les détails que j'ai acquise à la Sorbonne est cruciale dans l'entrepreneuriat. Dans une start-up, les défis sont en effet souvent complexes et demandent une compréhension fine pour trouver des solutions efficaces. Mais l'analyse seule ne suffit pas. À l'ESCP, j'ai appris à synthétiser, à prendre des informations éparses et à les transformer en décisions rapides et stratégiques. Cette capacité à simplifier et à aller à l'essentiel est importante dans le monde des start-up, où la vitesse et la réactivité sont primordiales. C'est la combinaison de ces deux compétences, l'analyse et la synthèse, qui fait la force d'un entrepreneur.

Pour valider mon année à l'ESCP, il fallait faire un stage de six mois en entreprise. J'ai envoyé des dizaines de CV et j'ai décroché un stage au sein du groupe TF1, à Eurosport, et ce simple stage s'est transformé en une aventure de quinze années au sein du groupe TF1. Cette période de transformation a été pour moi une opportunité incroyable. Mon goût pour les situations dynamiques et stimulantes a attiré l'attention de certains dirigeants éclairés. Ils ont su discerner en moi des qualités à cultiver et des points à améliorer, m'aidant ainsi à progresser et à tirer le meilleur parti de chaque situation. Durant ces quinze années, j'ai eu l'opportunité d'évoluer à travers divers rôles. J'ai exploré les domaines du marketing, de la finance et du commerce, tout en pilotant des projets ambitieux à travers l'Europe. De la création de spots publicitaires pour Eurosport à la direction d'équipes éditoriales Web dans plusieurs pays, chaque poste m'a offert des défis captivants et m'a permis d'écrire une belle histoire.

UN SIMPLE STAGE QUI S'EST TRANSFORMÉ EN UNE AVENTURE DE QUINZE ANNÉES !

Avec ce premier poste en CDI, j'ai encore affiné ma capacité d'analyse, mais j'ai aussi découvert que la réflexion seule ne suffit pas toujours et que l'intuition est précieuse. Cette faculté est en réalité le fruit d'années d'expérience. Lorsque quelque chose me semble juste ou faux, je prends le temps de vérifier si mon intuition persiste. Si, le lendemain, elle est toujours présente, je lui accorde une attention particulière. L'intuition est un atout précieux qui, bien que non toujours quantifiable, peut éclairer la voie vers des décisions essentielles afin de transformer les défis en succès.

L'IDÉE ÉTAIT SIMPLE : GARDER LE CAP, MÊME EN PLEINE TEMPÊTE.

Il me semble utile de vous exposer des moments où ces compétences ont fait une différence tangible. Les premiers jours de la pandémie de Covid-19, le monde entier était confronté à un défi sans précédent. Chez Qapa, comme ailleurs, ce fut un choc brutal, un bouleversement inattendu qui a fait vaciller nos repères. Dès l'annonce du confinement, mon esprit a commencé à anticiper ses implications. La clé était de ne pas se laisser submerger, mais poser une analyse précise et mettre en place une méthode adaptée au contexte. Laurent Delaporte, notre CEO, tous les managers de Qapa et moi, nous nous sommes réunis sans tarder. Notre décision majeure a été de maintenir nos rituels, malgré la distance physique qui nous était imposée. Les réunions hebdomadaires, les points de contact réguliers avec les équipes et les clients se poursuivraient, mais par visioconférence. L'idée était simple : garder le cap, même en pleine tempête. Nous avons orchestré le départ des collaborateurs vers leur foyer en veillant à ce que tout soit bien organisé et que chacun puisse se mettre à l'abri en restant connecté à l'entreprise. Nous avons appelé tous nos clients, nos intérimaires et nos partenaires.

Cette approche méthodique a permis de préserver l'harmonie au sein de l'entreprise. Nos partenaires, malgré l'incertitude ambiante, savaient que nous étions présents et opérationnels. Notre engagement inébranlable et notre stabilité en ont même attiré de nouveaux, notamment dans les secteurs en forte

LE CHEMIN DE L'ENTREPRENEURIAT EST PAVÉ DE DÉFIS INATTENDUS.

demande comme la grande distribution et les centres de logistique. En restant fidèles à notre approche et en faisant preuve d'une solidité calme et déterminée, nous avons réussi à naviguer à travers cette crise tout en consolidant notre position sur le marché.

Le chemin de l'entrepreneuriat est pavé de défis inattendus, et souvent ce sont les plus grands obstacles qui révèlent nos véritables capacités. Un autre moment crucial de ma carrière est survenu quand j'ai dû affronter non seulement un problème professionnel majeur, mais aussi un défi personnel qui touchait à mon ego.

Je suis une visionnaire, c'est un fait. Mon esprit est naturellement tourné vers l'avenir, capable de concevoir des stratégies ambitieuses et de lancer des projets innovants. En 2011, quand j'ai fondé Qapa, j'avais une idée claire : révolutionner le marché de l'emploi avec des algorithmes avancés. Mais la concurrence était féroce, avec de nombreux acteurs déjà bien implantés, et il me semblait impossible de grandir comme je le souhaitais car Qapa était un *jobboard* et le modèle des *jobboards* était saturé. C'est pourquoi, en 2015, j'ai pris une décision cruciale pour mon entreprise : la tourner vers le marché de l'intérim, où l'innovation technologique pouvait faire la différence. C'est ainsi que, révolutionnant un secteur qui avait besoin de modernité, j'ai fait de Qapa la première plateforme d'intérim digital pour permettre aux entreprises et aux intérimaires de se connecter directement, sans passer par des agences physiques.

L'UN DES MOMENTS LES PLUS COMPLEXES DANS LA VIE D'UNE START-UP, C'EST LE PIVOT.

À cette occasion, j'ai découvert que l'un des moments les plus complexes dans la vie d'une start-up, c'est le pivot : faire un pivot n'est pas une simple question de stratégie, c'est un pari risqué qui remet en cause les fondements mêmes de l'entreprise. Il faut alors tout revoir : le modèle économique, les produits, les processus, et même parfois l'équipe. Le pivot de Qapa vers l'intérim digital était audacieux, car il s'agissait d'attaquer un marché colossal en France. Le défi n'était pas seulement de changer notre offre, mais de convaincre nos clients et nos investisseurs que cette nouvelle direction était la bonne. Chaque pivot demande une prise de risque calculée, mais surtout la capacité de se réinventer. Cette période exigeante a été décisive pour notre croissance et notre succès futur.

Au début, tout se déroulait comme prévu. Les candidats inscrits sur la plateforme étaient satisfaits des offres d'emploi en intérim qui leur étaient proposées et les clients de Qapa *jobboard* avaient validé le pivot et nous demandaient des intérimaires. Cependant, rapidement, la croissance s'est mise à stagner. Nous avions atteint une limite que nos compétences d'alors ne pouvaient nous permettre de franchir. Olivier Zier et moi-même avons alors constaté que notre capacité à faire évoluer l'entreprise de manière significative était compromise par un manque d'expertise spécifique pour le *scaling* rapide.

Cette prise de conscience a été un coup dur, non seulement pour le business, mais aussi pour moi, personnellement. J'ai toujours cru en la force de l'autonomie et de l'innovation, mais, ce jour-là, j'ai compris que savoir reconnaître ses limites est essentiel et j'ai décidé de demander de l'aide. Plutôt que d'essayer de tout résoudre seule avec Olivier Zier, le cofondateur de Qapa, ce qui aurait été une erreur coûteuse, j'ai pris la décision stratégique de faire appel à un soutien extérieur. J'ai discuté de la situation avec notre *board* d'investisseurs, Philippe Collombel chez Partech, François Tison chez 360 Capital, Dominique Vidal chez Index, et Raphaël Zier, en exprimant clairement mon besoin d'un expert capable de nous guider dans cette transition cruciale. Les réponses ont été non seulement positives, mais aussi extrêmement encourageantes. Le *board* a tout de suite compris l'importance d'intégrer un profil expérimenté pour nous aider à structurer l'entreprise et à mettre en place les processus nécessaires pour passer d'une start-up de 10 millions à une *scale-up* de 100 millions d'euros par an.

Pourtant, cette décision n'a pas été facile. Elle marquait un véritable tournant dans notre manière de gérer l'entreprise, demandait une révision complète de notre organisation, de nos processus de recrutement et de notre stratégie financière. Nous avons réuni les investisseurs dans une salle de réunion chez Partech. Nous avons examiné des profils, échangé des idées, et finalement dressé une liste de candidats susceptibles d'occuper le poste et de relever les défis.

L'ATMOSPHÈRE ÉTAIT À LA FOIS SÉRIEUSE ET PLEINE D'ESPOIR.

À cette époque, Laurent Delaporte cherchait un nouveau défi. Avec un parcours impressionnant en tant que vice-président Europe chez Microsoft, il avait déjà orchestré des business de plusieurs centaines de millions d'euros. Je me souviens de notre rencontre dans un restaurant tranquille à côté de nos premiers bureaux 104 rue d'Aboukir à Paris. L'alchimie a été instantanée. Notre collaboration pouvait être la clé pour passer à l'étape suivante chez Qapa. Laurent, avec son expérience impressionnante, apportait une expertise inestimable et une perspective précieuse. Son regard était celui d'un stratège aguerri, et sa compréhension immédiate des enjeux de notre entreprise m'a confortée dans l'idée que nous avions trouvé la perle rare.

Mais l'embauche de Laurent n'était que le début. L'intégrer dans une start-up comme la nôtre représentait un défi en soi. Pour un fondateur comme moi, habituée à être au centre de chaque décision, céder une partie du contrôle n'était pas chose facile. Il ne s'agissait pas simplement d'intégrer Laurent, il fallait fusionner nos visions, harmoniser nos méthodes, et veiller à ce que notre collaboration soit plus qu'une simple addition de talents, mais une véritable synergie. Nous devions transformer un plus un en quelque chose de plus grand. Ce processus d'intégration n'a pas été sans obstacles. Nous avons dû apprendre à nous connaître, ajuster nos attentes et, surtout, bâtir un pont solide entre nos façons de travailler. La solution n'était pas dans la vitesse, mais dans la patience, l'écoute,

QUAND
LA CONFIANCE
EST LÀ,
ON SE SENT
INVINCIBLE.

et l'ouverture d'esprit. Chaque pas en avant nous rapprochait d'une meilleure compréhension mutuelle et d'une vision partagée pour l'avenir de Qapa.

Pour garantir une transition fluide et efficace, nous avons fait appel à un coach, Roland Calanches. Il nous a aidés à comprendre nos forces respectives, nos faiblesses, et comment nous compléter efficacement. Ce processus a pris quelques semaines, mais cette période de travail intensif a été cruciale. Avec le temps, nous avons bâti une confiance mutuelle inébranlable. Quand cette confiance est là, on se sent invincible. La preuve de cette réussite s'est manifestée par la vente de Qapa à Adecco, fruit d'une collaboration fructueuse et d'une synergie parfaite entre Laurent et moi. Travailler avec Laurent Delaporte a été un tournant décisif pour Qapa et a laissé une empreinte durable sur la façon dont je gère les défis et les collaborations dans mes projets. Grâce à Laurent, nous avons fait grandir Qapa rapidement jusqu'à la vente de l'entreprise pour près de 100 millions d'euros au leader mondial de notre secteur.

Le processus de vente d'une société ressemble à une danse millimétrée, où chaque pas doit être parfaitement synchronisé. Les rendez-vous initiaux sont cruciaux. Il ne s'agit pas seulement de présenter les chiffres ou les réussites de l'entreprise, mais aussi de vendre une vision, un projet, et de créer une connexion de confiance. Une fois ces premiers échanges établis, les discussions se structurent autour de réunions régulières avec les acheteurs, les conseils et les investisseurs, qui précèdent l'étape de la due diligence, un examen approfondi qui détermine la solidité de l'entreprise. La due diligence est un processus extrêmement minutieux visant à s'assurer que l'entreprise est aussi précieuse qu'elle le paraît. Pour une start-up comme Qapa, il y a généralement trois types de due diligence. D'abord, la due diligence financière qui passe les comptes au crible. Les acquéreurs vérifient les résultats, le bilan, la trésorerie, et s'assurent que les objectifs financiers ont été respectés. Ensuite, il y a la due diligence RH qui se concentre sur l'équipe. Les acheteurs veulent comprendre la qualité des managers et la culture de l'entreprise. Ils regardent de près la structure des équipes, les compétences clés et les dynamiques internes, car une équipe solide est l'un des atouts majeurs de la réussite d'une start-up. Cette phase permet aussi de s'assurer que les équipes sont alignées avec la vision à long terme de l'entreprise. Enfin, la due diligence technique est cruciale pour une entreprise comme Qapa, axée sur la technologie. Les experts examinent alors en détail les infrastructures, les algorithmes, et les outils développés. Ils veulent s'assurer qu'on leur propose plus qu'une belle interface et que la solidité technique est au rendez-vous. Cette partie de la due diligence, particulièrement exigeante, révèle la valeur technologique de la start-up et son potentiel à long terme. Ces étapes complexes demandent une coordination impeccable entre les équipes internes, les avocats et les banquiers d'affaires. Mais c'est ce processus rigoureux qui garantit la réussite d'une vente et permet à l'acquéreur de s'assurer qu'il fait un investissement sûr et prometteur.

Quand Adecco a manifesté son intérêt pour Qapa, la tension et l'excitation étaient à leur comble. Heureusement, la solide relation de confiance que j'avais développée avec Laurent Delaporte nous a offert une stabilité précieuse dans ces moments décisifs. Ensemble, nous avons réparti les rôles de manière stratégique : Laurent s'est chargé des négociations avec Adecco, des relations avec les banquiers d'affaires et les avocats, tandis que je me concentrais sur la gestion quotidienne de l'entreprise avec Olivier Zier. Mon rôle était clair : faire en sorte que Qapa continue d'atteindre ses objectifs, de servir ses clients avec excellence, et augmenter notre chiffre d'affaires pour prouver à Adecco que la société restait sur une dynamique positive et pleine de promesses.

Les rencontres humaines jouent un rôle fondamental dans ces moments décisifs. Les relations que l'on construit avec ses partenaires – avocat, expert-comptable et banque –, représentent des piliers inébranlables. Notre avocat, Nicolas Urban, a joué un rôle crucial depuis la création de Qapa jusqu'à sa vente, et continue de nous accompagner chez Volubile. Dans une start-up, l'avocat n'est pas seulement là pour rédiger des contrats : il gère les contrats de travail, les partenariats, et devient un stratège indispensable en cas de coup dur. L'aspect juridique, souvent perçu comme complexe et fastidieux par les entrepreneurs, est crucial pour la pérennité d'une entreprise. En outre, chaque marché a ses propres réglementations, qu'il s'agisse de protection des données, de droit du travail ou de normes spécifiques à son secteur. Se conformer aux régulations en vigueur n'est pas une option ; c'est une condition sine qua non pour se développer sereinement. La mise en place d'un système de veille juridique peut vous aider à rester à jour et à anticiper les changements qui pourraient affecter votre business. Lorsqu'une crise survient ou qu'une décision stratégique doit être prise, l'avocat est encore celui avec qui je réfléchis à la meilleure stratégie. Pour les levées de fonds de Qapa et Volubile et la vente de Qapa, nous travaillons avec Samira Friggeri, avocate spécialiste en M&A. J'ai rencontré Samira grâce à Dominique Vidal. Immédiatement, j'ai senti son expertise et ses qualités humaines, et j'échange toujours avec elle et ses équipes pour choisir la bonne stratégie et prendre les bonnes décisions.

L'expert-comptable est aussi un partenaire clé. Steven Thillet a commencé comme stagiaire dans un cabinet qui gérait nos comptes. Impressionnée par son dévouement et ses compétences, je l'ai recruté en CDI comme mini-DAF, directeur administratif et financier, chez Qapa. Plus tard, lorsqu'il a décidé de rejoindre un autre cabinet, il est devenu l'expert-comptable de Qapa. Aujourd'hui, il dirige son propre cabinet avec succès et nous accompagne chez Volubile avec la même rigueur et le même engagement. La banque joue également un rôle central dans la vie d'une start-up. Construire une relation de confiance avec son banquier est essentiel pour naviguer à travers les étapes cruciales du développement de l'entreprise. Le Crédit Agricole a été un partenaire clé pour Qapa, comprenant rapidement notre business et nous soutenant à chaque moment décisif, qu'il s'agisse de lever des fonds, de gérer notre trésorerie, ou d'accompagner notre croissance. Une bonne relation bancaire ne se limite pas à des services financiers : c'est un soutien stratégique qui peut faire la différence, surtout dans les périodes de transition ou de forte croissance.

Cependant, avoir des partenaires de confiance ne suffit pas à garantir le succès d'une entreprise. Le véritable moteur du développement réside dans la capacité à structurer une équipe interne performante et soudée. Les relations externes sont importantes, mais l'impact quotidien des actions internes est décisif. Ainsi, une entreprise qui veut croître de manière saine et rapide doit pouvoir s'appuyer sur une équipe où chaque personne connaît son rôle, ses responsabilités, où l'expertise de chacun est valorisée, et déléguer ne consiste pas simplement à se décharger des tâches. Cela signifie construire une équipe où chaque membre est à la bonne place, avec des missions claires et précises. Quand chacun sait exactement ce qu'il doit faire et pourquoi, il devient un acteur clé de la réussite collective. En tant que leader, mon rôle est d'orchestrer ce fonctionnement pour que l'ensemble de l'équipe avance dans la même direction, à un rythme soutenu, mais avec une précision presque chirurgicale. C'est cette dynamique qui permet à l'entreprise d'avancer comme une machine de guerre bien huilée.

La clé est la confiance. En tant que cheffe d'entreprise, je dois faire confiance à mes collaborateurs pour qu'ils prennent les bonnes décisions et gèrent leur périmètre en toute autonomie. Mais autonomie ne signifie pas absence de contrôle. Il faut rester connecté à la réalité du terrain, être attentif aux signaux faibles, aux petits problèmes qui pourraient devenir de gros obstacles si on les laisse grandir, car un bon leader doit savoir anticiper ces faiblesses, les identifier avant qu'elles ne se transforment en crises majeures. Cela demande un équilibre délicat entre la supervision

> **LE VÉRITABLE MOTEUR DU DÉVELOPPEMENT RÉSIDE DANS LA CAPACITÉ À STRUCTURER UNE ÉQUIPE INTERNE PERFORMANTE ET SOUDÉE.**

et l'autonomie. Quand les rôles sont bien définis, l'équipe peut avancer avec assurance et éviter les mauvaises surprises.

Cependant, il ne suffit pas d'avoir une équipe soudée et des partenaires solides pour réussir. Il est tout aussi crucial, en tant que leader, de savoir se ressourcer et garder l'esprit clair pour continuer à guider l'entreprise avec discernement. Dans les moments de tempête, quand tout semble s'accélérer, il est donc indispensable de trouver des espaces de sérénité. Pour moi, la marche est devenue ce moment de calme : une activité simple, presque méditative, qui permet à mon esprit de vagabonder et de clarifier mes pensées. Au cours de ces promenades, je trouve l'espace nécessaire pour réfléchir, réévaluer mes priorités, et revenir avec une perspective renouvelée.

LE MONDE ENTREPRENEURIAL EST UN LABYRINTHE FASCINANT DONT CHAQUE DÉTOUR RÉVÈLE UNE NOUVELLE OPPORTUNITÉ.

Ces moments de marche ne se limitent pas à des escapades solitaires. Parfois, j'invite un collègue à m'accompagner pour un tour du quartier. Ces moments de convivialité allègent le poids des responsabilités et renforcent les liens. Au-delà de la marche, je trouve du réconfort dans les voyages et la lecture : voyager m'ouvre à de nouveaux horizons tandis que les livres me procurent une évasion précieuse. Dans ces moments de pause, j'apprécie particulièrement les échanges humains. Parfois, je cherche à parler avec des gens, pas uniquement pour trouver des solutions, mais simplement pour écouter et échanger. Il m'arrive souvent de lancer une conversation avec l'idée de résoudre un problème précis, mais de me rendre compte au bout de deux heures que nous avons à peine abordé mon souci. Pourtant, cela ne me dérange pas. Ces discussions me permettent de souffler et d'aborder les choses sous un autre angle. Écouter les histoires des autres, comprendre leurs défis et leurs solutions, est une forme de thérapie indirecte.

Chaque jour, en franchissant les obstacles sur mon chemin, je me transforme et je transforme les défis en tremplins pour l'avenir. Le monde entrepreneurial est un labyrinthe fascinant dont chaque détour révèle une nouvelle opportunité. Cette aventure m'a offert une leçon inestimable sur l'humilité : la véritable sagesse réside dans l'évolution constante aux côtés de son entreprise. Ainsi, même les plus grands défis, ceux qui semblent insurmontables, peuvent être transcendés par la force d'un esprit ouvert à l'aide et à la collaboration. Les visionnaires ne sont pas des solitaires ; ils sont les chefs d'orchestre de symphonies écrites à plusieurs mains, unissant des talents pour réaliser des ambitions grandioses. Ces moments difficiles, loin de me briser, m'ont forgée et ont enrichi ma capacité d'analyse de problèmes.

FICHE PRATIQUE 3

LES 10 OUTILS DU CHEF D'ORCHESTRE

❶ Garde la tête froide avant de réagir

Quand un problème survient, ne réagis pas sous l'effet de l'émotion. Prends un moment pour te calmer, t'en éloigner et le reconsidérer avec un esprit clair. Que ce soit par une marche, une discussion informelle ou une pause, cette distance te permettra d'analyser la situation avec objectivité et de prendre la meilleure décision, même sous pression.

❷ Classe les problèmes par priorité

Tous les problèmes ne méritent pas la même attention. Identifie rapidement ce qui est crucial et ce qui ne l'est pas. Les menues urgences doivent être traitées rapidement pour éviter que les petites distractions n'affectent la productivité. En revanche, prends le temps nécessaire pour les grandes décisions.

❸ Fais appel aux autres, souvent

Ne t'isole pas dans la prise de décision. Consulte tes équipes, demande leur avis, même sur des sujets qui semblent hors de leur expertise directe. Chaque membre de ton équipe apporte une perspective unique qui peut éclairer la situation sous un angle inattendu. Le succès est souvent collectif.

❹ Apprends à écouter ton intuition

Ton intuition est une ressource précieuse, mais elle ne s'affine qu'avec l'expérience. Plutôt que de la rejeter ou de la suivre aveuglément, analyse-la. Si un pressentiment persiste après réflexion, creuse-le. Utilise ton intuition comme un guide, mais assure-toi qu'elle est toujours appuyée par des faits et des observations concrètes.

❺ Reconnais les signaux d'un pivot nécessaire

Savoir pivoter est une compétence clé pour un entrepreneur. Pour identifier quand il est temps de changer de cap, surveille attentivement certains signaux : stagnation des ventes, retours clients mitigés, changements majeurs dans ton secteur. Mets en place des indicateurs de performance clés qui te permettent de suivre l'évolution de ton marché et d'anticiper les besoins de changement avant qu'il ne soit trop tard.

❻ Sois capable de pivoter rapidement

Dans une start-up, le pivot est parfois une nécessité. Ne reste pas coincé dans une vision initiale si tu sens que le marché change. Être capable de rediriger l'entreprise vers une nouvelle stratégie ou un nouveau modèle est une compétence essentielle qui nécessite une analyse fine du marché et une grande capacité d'adaptation.

❼ Maintiens des rituels en période de crise

Lorsque la tempête frappe, ne change pas tout. Maintenir les rituels quotidiens ou hebdomadaires dans ton entreprise apporte une structure et une stabilité rassurante pour tes équipes. Même en période de crise, continue réunions et routines pour garder le cap.

❽ Appuie-toi sur un réseau solide de partenaires de confiance

Un expert-comptable, un avocat et une banque sont les trois piliers incontournables de la réussite d'une entreprise. Chacun joue un rôle crucial : l'avocat anticipe les crises et gère les partenariats, l'expert-comptable assure la stabilité financière, et la banque apporte des solutions à long terme. Ne sous-estime jamais l'importance de ces alliances stratégiques.

❾ Structure une équipe solide

Le succès d'une entreprise repose sur une équipe où chacun a un rôle clair et des responsabilités définies. Déléguer intelligemment et s'assurer que chaque collaborateur a l'autonomie nécessaire pour agir est un atout puissant. L'agilité et la confiance au sein de ton équipe permettent de surmonter plus facilement les défis.

❿ Déléguer ne signifie pas lâcher prise

Donner de l'autonomie ne signifie pas relâcher le contrôle. Reste connecté à la réalité terrain, et sois attentif aux signaux faibles avant qu'ils ne deviennent de vrais problèmes. Anticipe les défis tout en permettant à tes collaborateurs de s'épanouir dans leurs responsabilités.

EXERCICES

1. Analyser un défi récent : Choisis un problème récent auquel ton entreprise a fait face. Analyse-le sous 3 angles : humain, financier et stratégique. Quels ont été les facteurs de blocage et les opportunités cachées ?

1. ....

....

2. ....

....

3. ....

....

....

....

....

....

....

....

....

....

Action immédiate : Sur la base de cette analyse, crée un plan d'action en 3 étapes pour résoudre un défi similaire plus rapidement à l'avenir.

1. ....

....

2. ....

....

3. ....

....

2. Prioriser les défis : Fais une liste des 5 plus gros problèmes que tu rencontres dans ton entreprise actuellement. Classe-les en fonction de leur importance et de leur urgence.

1. ....
2. ....
3. ....
4. ....
5. ....

Action immédiate : Résous en priorité les 2 problèmes les plus urgents et importants cette semaine.

1. ....
2. ....

3. Prendre du recul : Consacre 30 minutes par semaine à une activité de réflexion ou de prise de recul (marche, méditation, etc.). Quelles idées nouvelles surgissent pendant ces moments ?

....

Action immédiate : Note les idées qui émergent et partage-les avec les membres de ton équipe pour les défier et les enrichir.

....

....

....

....

....

....

....

....

....

....

....

....

....

....

....

....

....

CHAPITRE 4

UN DESTIN TISSÉ PAR LES RENCONTRES

Aujourd'hui, si je devais définir ce qui façonne le plus ma vie, ce serait sans hésiter mon rôle d'entrepreneuse, et plus précisément celui d'entrepreneuse de start-up. Ce choix n'est pas simplement un métier ou une passion, c'est devenu le cœur de mon existence. Chaque journée, chaque décision, chaque moment de réflexion est orienté par cette soif de créer, d'innover et de bâtir quelque chose de nouveau. Pourtant, ce chemin que j'emprunte avec tant de détermination n'a pas toujours été une évidence. Je pourrais dire que j'ai construit cette vie de manière calculée, avec un plan en tête depuis mon plus jeune âge, mais ce serait loin de la vérité. En réalité, j'ai souvent eu la sensation de me laisser porter par les courants de la vie, d'être guidée par des rencontres fortuites et des hasards heureux qui ont façonné mon parcours bien plus que n'importe quel plan. Un élément essentiel revient constamment lorsque je réfléchis à mon parcours : la chance. Cette chance d'avoir croisé des personnes extraordinaires qui, à un moment ou un autre, ont su m'inspirer, m'aider, ou simplement me donner le coup de pouce dont j'avais besoin pour avancer. C'est comme si, dès que j'avais le plus besoin d'un guide ou d'une direction, quelqu'un était là, apparaissait sur mon chemin pour m'ouvrir de nouvelles perspectives.

Au-delà de ces rencontres, il y a cette intuition, cette capacité à sentir qu'une opportunité est sur le point de se présenter. Est-ce un don ? Peut-être. Ou alors une compétence que j'ai perfectionnée avec le temps. Quoi qu'il en soit, c'est cette intuition qui me permet de transformer les hasards en véritables tremplins.

Au fil du temps, j'ai remarqué quelque chose d'étrange, presque magique : je laisse une trace indélébile chez les gens que je rencontre. Ce n'est pas simplement une question de mémoire ou de reconnaissance, c'est plus profond que cela car mes échanges, même les plus brefs, semblent marquer les esprits. Récemment, j'en ai eu la preuve lors d'une présentation aux collaborateurs du Crédit agricole sur le thème de la prise de risque. Je parlais à l'assistance de mon parcours, mais aussi de la révolution de l'IA et de son impact sur leur métier. À la fin de mon intervention, une femme est venue me voir, timidement. Elle m'a raconté que son patron, le président de sa caisse régionale, lui avait demandé de me transmettre ses salutations. Il y a plus de trente caisses en France, chacune représentant plusieurs départements. J'avais eu l'occasion d'intervenir dans plusieurs d'entre elles. Et pourtant, il se souvenait de moi, de notre conversation, avec une précision étonnante. Ce monsieur n'est pas un cas isolé. Il y a quelques jours, un prospect m'a appelée pour me rappeler une rencontre que nous avions eue il y a dix ans chez Qapa. Pour lui, elle avait été marquante, et il s'en souvenait comme si c'était hier. Ces moments-là me font comprendre que, bien que mon parcours puisse sembler dicté par le hasard, il laisse une empreinte durable, presque palpable, dans la vie des autres.

JE LAISSE UNE TRACE INDÉLÉBILE CHEZ LES GENS QUE JE RENCONTRE.

Regarder en arrière, c'est comme observer le cours d'un ruisseau. Ma vie n'a jamais été une ligne droite. Au contraire, je me suis souvent laissé porter par les courants, m'adaptant aux virages, aux obstacles, et parfois aux débordements. Ces moments où le ruisseau sort de son lit, où la vie semble devenir imprévisible, sont ceux où l'on est forcé de faire des choix. Et dans ces choix se forge la véritable histoire de chacun.

Enfant, je n'avais pas le pouvoir de décider de mon avenir. Les circonstances m'imposaient une direction. À l'époque, on ne se plaignait pas et on ne se posait pas en victime. On avançait, on s'adaptait, on travaillait dur. Pour moi, le travail acharné est une voie naturelle. J'ai plongé dans les études avec passion, non pas par obligation, mais parce que j'adorais apprendre. C'était ma manière de découvrir le monde. L'école n'est pas seulement un lieu d'apprentissage, mais une fenêtre sur des horizons infinis. J'aimais rencontrer des professeurs passionnés et, surtout, explorer ce qui se cachait au-delà de mon quotidien. C'est cette curiosité insatiable, ce désir de comprendre et de découvrir qui m'a façonnée et qui continue de guider mes pas.

« L'ÉCOLE N'EST PAS SEULEMENT UN LIEU D'APPRENTISSAGE, MAIS UNE FENÊTRE SUR DES HORIZONS INFINIS.

Cette soif de connaissance et d'exploration ne s'est pas limitée à accumuler du savoir, elle m'a aussi appris que certaines rencontres marquent plus que d'autres. Ce don de laisser une empreinte durable ne s'est toutefois pas développé du jour au lendemain. Il est le fruit de rencontres, d'expériences uniques qui ont forgé ma personnalité et ma manière d'aborder la vie. L'un de ces instants inoubliables remonte à mes années d'études. L'histoire moderne et contemporaine, mes domaines de prédilection, me passionnait au plus haut point. Mais au moment de choisir un sujet pour mon mémoire de DEA, je n'avais pas trouvé l'étincelle, le déclic nécessaire pour m'engager pleinement dans ce projet.

L'été est arrivé et, avec lui, une invitation à passer les vacances à Nîmes avec la famille de mon amoureux de l'époque. Nîmes, avec son charme méridional, ses vestiges romains et sa garrigue envoûtante, semblait être le parfait écrin pour des vacances détendues. Nous sommes partis, ses parents, Pierre et Eva qui sont comme mes parents adoptifs, sa sœur Catherine, ma soeur de cœur, lui et moi, accompagnés de leur chien Léon, un berger griffon adopté à la SPA. Léon, avec son pelage hirsute et son regard doux, devint rapidement mon compagnon de promenade. Chaque jour, nous partions explorer la garrigue, cet espace sauvage où le vent chantait dans les pins et où le soleil chauffait les pierres anciennes. Un jour, alors que je me promenais dans ces paysages magnifiques, je suis tombée par hasard sur un mas, une ancienne demeure aux allures mystérieuses. De ce mas sortit un homme d'un certain âge, 70 ans environ, élégant, au regard pénétrant, qui fut immédiatement attiré par Léon.

Nous avons échangé quelques mots sur le chien, sur le lieu, et rapidement la conversation s'est orientée vers mon parcours d'étudiante. Il posait des questions avec une curiosité bienveillante qui ne me laissa pas indifférente. Avant de nous séparer, il m'a proposé de repasser le lendemain pour prendre le thé. Quelque chose dans son attitude, dans son invitation, avait éveillé en moi une curiosité irrépressible. Ce n'était pas une simple politesse, je sentais qu'il y avait plus, un inexpliqué coup du destin qui m'avait amenée jusqu'à lui.

Le lendemain, je suis retournée au mas. L'homme, qui s'est alors présenté sous le nom de Jean-Pierre Nègre, m'a accueillie avec une courtoisie désarmante. J'avais la nette impression d'être en présence de quelqu'un d'exceptionnel : un intellectuel, à la fois érudit et humble. Nous avons longuement échangé, il s'est intéressé à mes études avec une attention rare, me posant des questions pointues, me poussant à explorer des facettes de mon parcours que je n'avais pas encore pleinement envisagées. Après un long moment de discussion, il s'est levé doucement et m'a dit qu'il avait quelque chose à me montrer. Nous sommes montés ensemble au grenier de son vieux mas, un lieu rempli de souvenirs, où le temps semblait s'être suspendu. Là, il a ouvert une vieille panière en osier qui ressemblait à un coffre à trésors. Avec une intensité dans le regard, il m'a fait comprendre que ce moment avait une importance particulière. « Voici la correspondance de mes parents. Pendant la Première Guerre mondiale, mon père était au front et ma mère, restée à

MA VIE N'A JAMAIS ÉTÉ UNE LIGNE DROITE. JE ME SUIS SOUVENT LAISSÉ PORTER PAR LES COURANTS, M'ADAPTANT AUX VIRAGES, AUX OBSTACLES, ET PARFOIS AUX DÉBORDEMENTS.

Nîmes pour s'occuper des enfants, lui écrivait presque chaque jour. Mon père lui répondait dès qu'il le pouvait. » Ces lettres étaient le témoignage vivant de l'amour, du courage et de la résilience d'une famille durant l'une des périodes les plus sombres de notre histoire. En les tenant dans mes mains, je pouvais ressentir le poids des émotions, des espoirs, des peurs qui les imprégnaient.

Jean-Pierre Nègre m'a confié ces lettres, et avec une bienveillance teintée de gravité, il m'a demandé si je voulais en faire le sujet de ma thèse. C'était une proposition à la fois extraordinaire et terrifiante. Je savais que je tenais là une opportunité unique : plonger au cœur de l'histoire, non pas à travers des livres ou des archives publiques, mais à travers les mots d'une famille réelle, ayant vécu cette époque avec une intensité que je ne pouvais qu'imaginer. J'ai accepté avec gratitude, consciente de l'énorme responsabilité qui m'incombait. J'ai lu chacune de ces lettres, les unes après les autres, aucune ne manquait. Chaque courrier que j'ouvrais était comme un petit morceau d'âme que je découvrais, me rapprochant un peu plus de ces personnes qui, bien que disparues depuis longtemps, semblaient revivre sous mes yeux. Mon mémoire de DEA est devenu une véritable exploration de la vie quotidienne d'une famille bourgeoise protestante au début du XXe siècle. J'y abordais des sujets aussi variés que fascinants : les dynamiques familiales, la contraception, l'éducation des enfants, la gestion du foyer en l'absence du père, la dureté du travail, la religion… Ce mémoire m'a permis de redonner vie à cette famille, de partager son histoire avec le monde, et de vivre une expérience unique, qui a profondément marqué ma vie et ma carrière. Ma rencontre avec Jean-Pierre Nègre a été fondatrice, une de celles qui définissent un parcours et qui, des années plus tard, continue de résonner en moi comme l'un des moments les plus précieux de ma vie.

MON MÉMOIRE A PROFONDÉMENT MARQUÉ MA VIE ET MA CARRIÈRE.

Un autre aspect de mes échanges avec les autres s'avère tout aussi fascinant : ma capacité à faire parler les gens. J'ai toujours aimé les histoires – que ce soit en tant que narratrice ou auditrice. Mon désir de comprendre, de découvrir et d'écouter crée souvent un lien profond avec ceux qui m'entourent. Ce lien presque instinctif se manifeste à travers chaque conversation. Ainsi, pendant presque dix ans, de 2012 à 2020, j'ai coanimé bénévolement l'émission *Les Petites Annonces de l'emploi* sur Beur FM, avec une passion et un engagement inébranlables. C'était la seule émission d'emploi en France diffusée à la radio en direct chaque semaine. Philippe Robichon, l'animateur, et moi choisissions un thème chaque semaine, et faisions un pont entre les auditeurs et les opportunités d'emploi. Ce programme était un véritable carrefour pour ceux qui cherchaient un changement, une opportunité, ou même juste un peu d'espoir. En direct, les auditeurs pouvaient nous appeler, partager leurs dilemmes professionnels et, ensemble, nous tentions de dénouer les problèmes et cherchions des solutions. À travers ces échanges, un lien précieux se formait, une connexion palpable, même à travers les ondes.

Chaque mercredi, j'empruntais la ligne 8 du métro jusqu'à la station Liberté, puis je traversais les lignes de chemin de fer pour aller au studio. Il m'arrivait de marcher sous la pluie, dans le vent glacial, mais je savais que, la fin de ce périple, on comptait sur moi. Dans ces moments-là, je me disais : « Steph, tu ne peux pas abandonner. Ces gens ont besoin que tu les aides à trouver un job, à boucler leur fin de mois. » Les auditeurs me connaissaient bien et quand je n'étais pas là, ils demandaient : « Stéphanie, elle n'est pas là aujourd'hui ? Elle est en vacances ? » Ces questions, ces marques d'attention et de reconnaissance confirmaient que le lien tissé était réel, tangible. Ce que je faisais allait donc bien au-delà de la simple émission : c'était un véritable acte de soutien et de solidarité qui apportait de l'espoir à ceux qui en avaient besoin.

STEPH, TU NE PEUX PAS ABANDONNER. CES GENS ONT BESOIN QUE TU LES AIDES !

Cette découverte tardive de mon effet sur les autres m'a amenée à réfléchir sur la manière dont je me connecte avec eux. J'ai compris que marquer les esprits demande une authentique chaleur humaine, une énergie palpable, et une sincérité dans chaque tête-à-tête. Lorsque je rencontre quelqu'un, je m'efforce d'être pleinement présente, attentive à chaque mot, à chaque nuance de son histoire. Mes sens sont en alerte pour capter les subtilités des conversations, les émotions, les silences. Je crois fermement que chaque détail compte. Cette attention me permet de saisir l'essence de chaque histoire, mais aussi de retenir profondément chaque aspect de la personne que je rencontre. Mon investissement dans ces moments précieux est parfois épuisant mais il me rappelle l'importance de chaque échange et l'impact profond que ces rencontres peuvent avoir tant pour moi que pour les autres. Elles enrichissent mon vécu et me rappellent que, dans un monde où les connexions humaines peuvent parfois sembler superficielles, la vraie magie réside dans ces moments authentiques de partage et de compréhension. Ce sont des instants où je souhaite investir pleinement mon énergie et mon attention. Ces rencontres sont des opportunités d'apprendre, de comprendre, et de laisser une empreinte sincère. Ma passion pour les gens et les histoires est le moteur de cette capacité à marquer les esprits. J'adore les rencontres, écouter les récits de vie et j'aime apprendre des autres. Cette curiosité insatiable est l'une de mes principales qualités.

LA VRAIE MAGIE RÉSIDE DANS LES MOMENTS AUTHENTIQUES DE PARTAGE ET DE COMPRÉHENSION.

J'ai une peur immense de la mort, une peur presque écrasante. Peut-être est-ce parce que j'ai été confrontée à la mort très jeune, avec la perte de mon père. Cette expérience m'a donné une envie profonde de vivre pleinement, d'aimer, de rire, de partager, de voyager... de laisser une trace. Contribuer à changer ne serait-ce que quelques petites choses dans ce monde, pour que mon passage sur Terre ait eu un sens plus profond... Si, au final, mon existence a pu provoquer des changements positifs, même modestes, alors je n'aurai pas vécu en vain.

Le monde professionnel, bien qu'exigeant, est aussi un terrain fertile pour des rencontres incroyables et des retrouvailles inattendues. Dans cet univers où les chemins se croisent et se séparent, chaque relation est une preuve que l'on a laissé une empreinte significative. Cela se vérifie d'autant plus avec le nouveau lancement de Volubile. Lancer une entreprise est un défi immense, et je ne suis pas du genre à le relever seule. Même si j'apprécie les moments de solitude qui me permettent de recharger mes batteries et de faire le point, je trouve mon véritable élan dans la collaboration et le partage. C'est avec joie que je construis aujourd'hui cette nouvelle société aux côtés de Julien Ros, mon cofondateur, qui a été mon salarié et mon directeur technique chez Qapa. Il incarne pour moi cette continuité précieuse. Sa présence dans cette nouvelle aventure est plus qu'une collaboration, c'est une reconnaissance mutuelle, un hommage à notre travail passé et une promesse de succès futur. Lorsque Volubile n'était encore qu'un rêve lointain, assis dans un café parisien, nous échangions des idées avec une passion presque palpable. Je savais alors que nous allions relever ce défi ensemble. Julien est devenu un partenaire précieux, un allié de confiance. Son enthousiasme et son expertise sont des moteurs essentiels dans cette nouvelle aventure.

« LE MONDE PROFESSIONNEL, BIEN QU'EXIGEANT, EST AUSSI UN TERRAIN FERTILE POUR DES RENCONTRES INCROYABLES ET DES RETROUVAILLES INATTENDUES.

Ce qui rend cette nouvelle entreprise encore plus significative, c'est la décision de certains anciens collaborateurs de Qapa de nous rejoindre dans cette aventure. Ce n'est pas seulement un acte de soutien, c'est une reconnaissance du travail accompli ensemble, de la vision que nous avons partagée, des valeurs que nous avons défendues et de la fiabilité d'un leader. Cela me touche profondément et confirme que les relations professionnelles peuvent être aussi riches et durables que les amitiés personnelles. Eux, qui ont travaillé avec nous sur des projets complexes, souvent en dépassant leurs propres limites, m'ont confié que travailler à nos côtés avait été une expérience formatrice, pleine de défis mais aussi de satisfactions. Leur présence est une validation du chemin que nous avons parcouru ensemble et un témoignage de notre respect mutuel. Je suis particulièrement fière de transmettre mon savoir et de voir mes anciens collaborateurs se développer, tout en continuant de bâtir quelque chose de significatif. Le succès ne se résume pas aux résultats financiers, il s'agit aussi de créer une aventure commune, de partager les hauts et les bas, et de bâtir une cohésion solide.

En 2007, des fonds d'investissement cherchent un COO – ou directeur général (DG) – pour une de leurs start-up, Qype, un guide communautaire d'avis en ligne installé à Hambourg, en Allemagne. Parmi eux, Philippe Collombel de Partech. Je suis contactée par un chasseur de têtes parisien. J'obtiens le poste. J'apprendrai plus tard que ce recrutement avait une histoire particulière. En effet, un des investisseurs a eu une conversation déterminante avec son frère Thibaut, en vacances à Nice, sur la plage. Cet investisseur a confié à son frère avoir du mal à recruter un COO pour Qype. Thibaut lui a dit : « Ça me fait penser à une femme que j'ai rencontrée à Eurosport. Je pense qu'elle pourrait correspondre. » Thibault et moi nous étions croisés dans un cadre commercial, alors qu'il travaillait dans une start-up et que je m'intéressais à ses produits. Se souvenant de moi, il m'a recommandée pour le poste. Cette recommandation, née d'une rencontre commerciale apparemment anodine, a changé ma carrière et m'a permis d'obtenir un poste de direction dans ma première start-up.

Je suis partie à Hambourg en octobre 2007 pour diriger Qype. Dès mon arrivée, j'ai été submergée par l'atmosphère unique de cette ville vibrante et ouverte sur le monde, où l'histoire et la modernité se côtoient avec une harmonie fascinante. Cette expérience a été pour moi bien plus qu'une étape professionnelle. C'était une immersion dans un univers où tout semble possible, où l'innovation rencontre la tradition, et où l'énergie de la ville vous pousse à donner le meilleur de vous-même, une aventure inoubliable dans une cité qui, malgré le froid de ses hivers, réchauffe le cœur par sa vitalité et sa beauté. Mon aventure à Hambourg chez Qype a été une école de vie, une expérience qui m'a façonnée tant sur le plan professionnel que personnel. Dès mon arrivée, j'ai ressenti l'énergie et le potentiel immense de cette start-up, qui ne demandait qu'à se développer sur la scène internationale. Ma mission était ambitieuse : en faire un leader européen, et cela nécessiterait bien plus que des stratégies classiques.

Sous ma direction, deux levées de fonds, complexes et cruciales, ont été réalisées. Ces levées n'étaient pas simplement une question de capital, elles étaient le tremplin qui allait propulser Qype sur la scène internationale. Chaque réunion, chaque négociation était une bataille pour convaincre que Qype méritait de conquérir le monde. L'expansion internationale, qui était au cœur de la vision du fondateur, Stephan Uhrenbacher, a été un défi de taille. En un temps record, avec mes collaborateurs, j'ai piloté le recrutement de cent personnes talentueuses à travers l'Europe. Il s'agissait de créer une équipe internationale, soudée par une vision commune et prête à faire de Qype un nom incontournable en Europe. Chaque nouvelle embauche, chaque nouveau marché conquis était une brique ajoutée à l'édifice que nous bâtissions ensemble. Cet édifice a tenu bon, si bien qu'en peu de temps Qype est devenu le numéro un en Europe. C'était une victoire éclatante, le résultat d'un beau travail d'équipe, d'une stratégie rigoureuse, mais aussi d'une capacité à s'adapter, à innover, et à ne jamais perdre de vue l'objectif final. Lorsque Yelp, le leader américain, est venu frapper à notre porte pour racheter Qype, c'était la reconnaissance ultime de ce que nous avions accompli. Qype avait atteint un niveau de réussite tel qu'il attirait l'attention au-delà des frontières européennes et cet exploit, je suis fière d'avoir contribué à le réaliser.

> **« L'AVENTURE QYPE A ÉTÉ UNE ÉCOLE DE VIE.**

Au cœur de cette aventure, ma rencontre avec Philippe Collombel a été déterminante, celle de deux esprits entrepreneurs, animés par le même désir de repousser les limites. Sous son mentorat, j'ai appris à viser l'excellence, à toujours chercher à dépasser mes propres attentes. Cet homme d'affaires rigoureux, exigeant, doté d'une intelligence rare, est capable de voir la valeur du travail bien fait, et de l'encourager de manière décisive. C'est grâce à lui que j'ai développé cette ténacité, cette capacité à persévérer, même face aux obstacles les plus redoutables. Il m'a montré qu'il ne suffit pas de rêver grand, il faut aussi avoir la discipline et le courage de transformer ses rêves en réalité.

CHAQUE RENCONTRE HUMAINE A LE POTENTIEL DE RÉSONNER BIEN AU-DELÀ DU TEMPS ET DES LIEUX.

Lorsque j'ai cofondé Qapa en 2011, c'est avec cet esprit que je l'ai fait, et Philippe, reconnaissant en moi cette force qu'il avait contribué à forger, n'a pas hésité à investir dans cette nouvelle aventure. Hambourg, Qype, Philippe... Ces expériences, ces rencontres ont été les pierres angulaires de ma carrière. Elles m'ont appris à affronter les défis avec détermination, à viser l'excellence, et à ne jamais perdre de vue ce qui compte vraiment : l'objectif.

À travers toutes ces nouvelles collaborations, je comprends que chaque rencontre humaine a le potentiel de résonner bien au-delà du temps et des lieux. Elles me rappellent que, même face à ma peur de la mort et à l'éphémère, il est essentiel de valoriser et de préserver ces liens précieux. Ces expériences et ces relations sont les véritables trésors qui donnent sens et continuité à ma vie, et qui apaisent ma crainte de l'inconnu. Mon parcours professionnel est une mosaïque de rencontres extraordinaires, une succession de moments marquants qui ont façonné celle que je suis aujourd'hui. Je ne me suis jamais vu travailler seule, ni même apprendre seule. J'ai toujours eu besoin des autres, dans ma vie personnelle ou professionnelle. Ces liens avec les gens ont été le véritable moteur de mon évolution. Quand je regarde en arrière, je vois à quel point ma vie a été marquée par des échanges extraordinaires, j'ai eu la chance de croiser des personnalités incroyables. Des hommes principalement, car c'était une autre époque, un temps où les leaders étaient souvent masculins. Au-delà des genres, c'est la qualité humaine de ces rencontres qui m'a marquée. Chacun de ces hommes, qu'ils soient visionnaires, leaders, collègues, ou collaborateurs, a enrichi mon parcours. Ils ont apporté à ma vie professionnelle une profondeur et une intensité que je n'aurais jamais imaginées.

J'ai eu la chance de croiser des personnalités d'une envergure exceptionnelle, des champions dont la renommée dépasse les frontières, mais dont l'humanité résonne profondément en moi. Je pense à Jonah Lomu, dont le nom évoque à lui seul la grandeur du rugby, une légende néo-zélandaise, ailier des All Blacks qui a marqué l'histoire de ce sport. J'ai eu l'honneur de travailler à ses côtés lors de la Coupe du monde de rugby de 2007, alors que j'étais à Eurosport. Jonah était là en tant que chroniqueur commentateur. Même derrière le micro, sa présence était impressionnante : grand, puissant, il était un colosse. Ce qui m'a le plus frappée chez lui, c'est son humilité. Malgré sa stature imposante et son palmarès inégalé, Jonah Lomu était d'une douceur et d'une gentillesse désarmante. Pendant nos semaines de collaboration, j'ai découvert un homme simple, accessible, toujours prêt à échanger un sourire ou un mot aimable. Il n'avait rien perdu de son esprit de compétition, mais il avait cette capacité rare à rester profondément humain, à ne pas se laisser emporter par la gloire. C'était une leçon d'humilité pour moi, de voir cet immense champion rester aussi proche des autres, aussi vrai.

C'était la fin des années 1990, le début des années 2000. Alors que la bulle Internet éclatait, entraînant une vague de scepticisme, une opportunité inattendue s'est présentée à moi. On m'a proposé de m'investir dans le développement d'Internet pour le groupe. À l'époque, je travaillais surtout dans la télévision, mais quelque chose m'a attirée vers cette nouvelle frontière. Tandis que certains de mes amis, convaincus qu'Internet était une mode vouée à l'échec, me conseillaient d'abandonner cette idée, je sentais qu'un changement monumental se préparait. Et j'avais raison. Grâce à la confiance de mes managers, j'ai pu développer les activités digitales du groupe, forgeant avec Yahoo! un partenariat stratégique qui nous a permis de devenir numéro un en Europe. Nous avons fusionné les sites Eurosport avec ceux de Yahoo! Sport et, ensemble, nous avons dominé le marché, nous propulsant au sommet.

C'est à ce moment-là que j'ai rencontré Dominique Vidal, un véritable pionnier, pilier de Kelkoo, devenu patron Europe de Yahoo! après le rachat de la start-up. Son intelligence m'a fascinée. Dominique a vu en moi ce dont je n'avais pas encore pris conscience : le besoin de m'affranchir des grands groupes pour m'épanouir dans l'univers des start-up. Il m'a encouragée à quitter la sécurité du groupe TF1-Bouygues qui m'avait tout appris, pour me lancer dans une nouvelle aventure. Cette rencontre a planté une graine dans mon esprit. Elle a éveillé en moi un désir de découverte, de dépassement, qui allait guider mes pas dans les années à venir. C'était comme un signal, une invitation à avancer, à ne jamais cesser de croire en l'avenir.

C'est dans ces échanges humains, dans ces relations authentiques avec les autres, que réside la véritable grandeur. Tony Parker incarne pour moi l'une de ces rencontres marquantes. Cette fois, c'était dans un cadre très différent, bien loin des parquets de basket-ball. Nous étions tous deux membres du jury pour l'émission *Qui veut être mon associé ?* en janvier 2024 sur la chaîne M6. Travailler avec lui m'a permis de découvrir une facette plus intime de ce champion mondialement reconnu. Au-delà de son image de star, Tony m'a impressionnée par sa simplicité et son authenticité. Malgré tout ce qu'il a accompli, il reste ancré dans une réalité humaine qui force le respect. Accessible, il ne s'est pas laissé emporter par le succès. Il dégage une chaleur, une envie sincère de partager et d'aider les autres à réussir qui contrastent avec l'idée que l'on se

LES EXPÉRIENCES
ET LES RENCONTRES
M'ONT APPRIS À
AFFRONTER LES DÉFIS
AVEC DÉTERMINATION,
À VISER L'EXCELLENCE,
ET À NE JAMAIS
PERDRE DE VUE CE QUI
COMPTE VRAIMENT :
L'OBJECTIF.

fait des célébrités. Il porte son succès avec humilité et générosité. Tony Parker m'a montré que l'on peut atteindre les sommets tout en gardant les pieds sur terre.

PERDRE N'A JAMAIS ÉTÉ UNE OPTION.

Vous l'aurez compris en me lisant, au-delà de ces relations professionnelles et amicales, mes proches font partie des relations exceptionnelles qui sont le socle de mon existence. Ils savent à quel point mon parcours a été difficile, et pour eux, chacun de mes succès est amplement mérité, une revanche sur la vie, la récompense du travail, de la persévérance, du fair-play et de l'intégrité. Ils savent que mon adrénaline vient du travail, de la curiosité, de l'envie constante d'apprendre et, bien sûr, de la victoire. Car j'ai ce virus de la gagne ancré en moi, cette aversion profonde de la défaite. Ainsi pour moi, perdre n'a jamais été une option, et l'idée que certains puissent trouver des leçons dans la défaite m'est étrangère.

Pour moi, gagner est ce qui compte, et la vie, avec ses hauts et ses bas, m'a appris une chose : même dans les pires moments, on ne sait jamais de quoi demain sera fait. Tout peut rebondir, même après les pires échecs.

FICHE PRATIQUE 4

SAISIR LE HASARD ET TRANSFORMER LES RENCONTRES

1 Profite des moments imprévus

La vie d'un entrepreneur n'est jamais une ligne droite. Sois prêt à embrasser l'imprévu et à tourner à ton avantage les opportunités que la vie t'offre. Chaque détour peut mener à une opportunité inattendue.

2 Écoute activement les autres

Lors de tes rencontres, sois attentif et à l'écoute. Une simple conversation peut ouvrir des portes insoupçonnées. Prends le temps de comprendre les besoins des autres, tu pourrais découvrir des opportunités insoupçonnées.

3 Investis dans les relations à long terme

Certaines relations se révèlent bien après le premier contact. Cultive tes relations avec sincérité, car elles peuvent se renforcer et devenir des collaborations fructueuses. Le temps est souvent un allié dans les relations humaines.

4 Multiplie les rencontres

Ne limite pas ton cercle aux professionnels de ton domaine. Des rencontres imprévues, même en dehors de ton secteur d'activité, peuvent t'inspirer ou t'offrir de nouvelles perspectives.

❺ Pose des questions ouvertes

Les meilleures discussions viennent souvent de questions bien posées. En tant qu'entrepreneur, poser des questions qui poussent les autres à réfléchir en profondeur te permettra d'explorer des pistes que tu n'aurais jamais envisagées seul.

❻ Apprends à demander de l'aide

Demander de l'aide n'est pas un signe de faiblesse, c'est un signe d'intelligence. Les grands entrepreneurs savent qu'ils ne peuvent pas tout faire seuls. Savoir quand et à qui demander de l'aide peut transformer ton projet.

❼ Sois conscient de ton impact

Même de courtes interactions peuvent marquer profondément. Sois attentif à la manière dont tu communiques et à l'énergie que tu dégages. Les gens se souviennent davantage d'une impression que de ce que tu leur as dit.

❽ Réfléchis à l'empreinte que tu laisses

Chaque action, chaque rencontre laisse une empreinte. Réfléchis à la manière dont tu souhaites être perçu, car cette perception peut influencer positivement ou négativement ton avenir entrepreneurial.

❾ Maintiens une énergie positive, même dans les moments difficiles

Ton attitude, notamment en période de crise, est ce que les autres retiendront. Reste positif et motivant, même lorsque les temps sont durs, car c'est dans ces moments que tu renforceras les liens avec tes partenaires et collaborateurs.

EXERCICES

1. Savoir donner l'exemple : Choisis cette semaine une journée où tu arrives avant ton équipe et où tu es le dernier à partir. Comment cela influence-t-il la dynamique de ton équipe ?

....

....

....

....

....

Action immédiate : Réfléchis à une nouvelle habitude que tu pourrais adopter pour inspirer ton équipe à être plus motivée et performante.

....

....

....

....

....

2. Motiver à long terme : Écris 3 façons dont tu motives actuellement ton équipe. Y a-t-il des moments où tu sens que cette motivation baisse ?

1. ....
   ....
2. ....
   ....
3. ....
   ....

Action immédiate : Planifie un entretien individuel avec un membre de ton équipe pour lui demander comment il se sent et ce qui pourrait améliorer sa motivation à long terme.

3. Prendre soin de soi pour mieux diriger : Planifie chaque semaine une activité pour te ressourcer (sport, lecture, temps pour toi). Comment cela influence-t-il ton état d'esprit et ta capacité à diriger ?

....

....

....

....

....

....

....

....

....

....

....

....

Action immédiate : Bloque ce moment dans ton agenda comme une priorité non négociable.

CHAPITRE 5

OPPORTUNITÉS INATTENDUES ET RÉSEAUTAGE

Je me demande souvent comment j'ai tracé mon chemin pour arriver là où je suis aujourd'hui. On ne m'a pas ouvert de portes, loin de là, mais certaines personnes ont cru en moi et m'ont soutenue lorsque j'ai voulu forcer ces portes. Dès le début, il était évident que je n'avais pas ce qu'on appelle un « réseau en or ». Cela a rendu la route plus longue, plus complexe. Chaque étape a exigé des efforts redoublés, chaque porte que je voulais ouvrir m'a demandé de prouver ma valeur, encore et encore. Je suis convaincue que c'est précisément ce travail acharné qui a façonné la personne et l'entrepreneuse que je suis devenue. C'est ce parcours exigeant qui m'a permis de bâtir, pas à pas, mon propre réseau. Il est constitué de personnes que j'ai croisées à différents moments de ma carrière, qui, comme moi, se débattaient pour avancer, pour grandir. Ensemble, nous avons évolué. Et aujourd'hui, des années après nos premiers pas dans le milieu professionnel, beaucoup d'entre nous sont devenus des décideurs, des leaders. Mon réseau est devenu une force, un reflet de ma persévérance et de mon parcours.

JE N'AVAIS PAS CE QU'ON APPELLE UN « RÉSEAU EN OR ».

Une rencontre inattendue a marqué un tournant décisif dans ma vie d'entrepreneuse : avec Olivier Zier mon cofondateur chez Qapa. Ce soir-là, ni lui ni moi n'avions prévu d'aller à cette soirée au Chalet des Îles dans le Bois de Boulogne. Pourtant, le hasard a bien fait les choses. Je me souviens de notre conversation comme si c'était hier : deux inconnus qui, en quelques mots, se sont découverts une ambition commune, une envie folle de lancer une start-up tech. Ce qui aurait pu n'être qu'un échange anodin s'est transformé en un véritable déclic. Le lendemain, sans perdre une minute, nous décidions ensemble de nous lancer, presque sur un coup de tête, mais avec une confiance instinctive.

Pendant les dix années qui ont suivi, Olivier a été mon allié le plus fidèle, toujours présent pour avancer, ne rien lâcher, et donner le meilleur de nous-mêmes. Ce qui était fascinant dans notre collaboration, c'est que nos forces et nos faiblesses semblaient se compléter naturellement : quand l'un de nous flanchait, l'autre trouvait toujours l'énergie pour le soutenir. Bien sûr, il y a eu des désaccords, des discussions passionnées, parfois longues et intenses, mais jamais notre engagement mutuel n'a vacillé.

Olivier n'était pas seulement un cofondateur, il était mon ancre dans cette aventure. Et cette fidélité réciproque, cet engagement total, ont été le ciment de notre réussite. Olivier est aujourd'hui mon meilleur ami, on pense les mêmes choses, on a la même passion pour l'entrepreneuriat, la même rage d'entreprendre.

Aujourd'hui, les personnes qui m'entourent ont une valeur inestimable, non pas pour leurs titres ou pour leurs réseaux, mais parce qu'elles me ressemblent. Ce sont des hommes et des femmes qui, comme moi, ont construit ce qu'ils sont. Nous n'avons pas forcément été portés par des courants favorables ; c'est notre détermination, notre travail acharné, et une résilience à toute épreuve qui nous ont permis d'avancer. Nous avons gravi les échelons un par un, souvent dans l'ombre, avec des doutes plein la tête. Nous avons trébuché, mais chaque chute nous a rendus plus forts, plus solidaires. Aujourd'hui, nous nous soutenons mutuellement, et ce lien est infiniment plus précieux que n'importe quel statut ou distinction. Avec le temps, j'ai gagné en assurance et en confiance. Cette

AUJOURD'HUI,
LES PERSONNES QUI
M'ENTOURENT ONT UNE
VALEUR INESTIMABLE,
NON PAS POUR LEURS
TITRES OU POUR
LEURS RÉSEAUX, MAIS
PARCE QU'ELLES ME
RESSEMBLENT. NOTRE
DÉTERMINATION, NOTRE
TRAVAIL ACHARNÉ, ET
UNE RÉSILIENCE À TOUTE
ÉPREUVE NOUS ONT
PERMIS D'AVANCER.

assurance n'est pas venue sans peine, elle a été forgée dans des nuits blanches, à ressasser les scénarios possibles avant une rencontre décisive, avec cette boule au ventre qui me serre à chaque fois que je dois me présenter face à une personne influente.

Avant chaque rendez-vous important, chaque levée de fonds ou chaque échange avec un dirigeant de renom, mon cœur s'emballe, mon ventre se noue, et les mêmes pensées reviennent en boucle : « Et si je ne suis pas à la hauteur ? Et si je dis quelque chose de travers ? » Alors que je lance Volubile, comme un enfant avant un contrôle, je stresse, j'imagine le pire. Chaque entretien est un test de mes compétences et de ma crédibilité. Mais ce qui a changé avec le temps, c'est ma capacité à transformer cette peur en énergie. J'ai appris que ces dirigeants, ces grands noms que je m'apprête à rencontrer, ne sont pas inaccessibles. Eux aussi font face à des défis, eux aussi ont connu des moments de doute. C'est là que réside notre point commun. Ce n'est pas parce que je dirige une entreprise que je peux me tenir à leurs côtés, mais parce que je comprends leurs luttes, leurs angoisses, parce que je sais ce que c'est que de devoir se réinventer sans cesse pour rester dans la course.

PETIT À PETIT, JE CONSTRUIS AINSI MON RÉSEAU. IL NE S'AGIT PAS SIMPLEMENT D'AMASSER DES CONTACTS DANS UN CARNET D'ADRESSES, MAIS DE CRÉER DE VÉRITABLES LIENS HUMAINS.

Je me vois comme leur égale, non pas en raison de mon statut, mais parce que, comme eux, j'ai traversé des tempêtes et relevé des défis. Nous partageons cette capacité à faire face aux obstacles et à nous réinventer. Je sais que derrière chaque titre, derrière chaque position de pouvoir se cache une personne qui a dû, elle aussi, surmonter ses peurs et affronter ses doutes. C'est avec cette conviction que je me présente à eux, sans arrogance, mais avec la certitude que nous parlons le même langage, celui de ceux qui n'ont jamais cessé de se battre pour ce qu'ils ont construit.

Petit à petit, je construis ainsi mon réseau. Il ne s'agit pas simplement d'amasser des contacts dans un carnet d'adresses, mais de créer de véritables liens humains. Je ne cherche pas à m'entourer de noms prestigieux, mais de personnes avec lesquelles je peux grandir, avec lesquelles je partage des valeurs, des rêves et des ambitions. Chaque rencontre est une pièce d'un puzzle plus grand : un réseau basé sur la confiance, le respect mutuel et l'envie sincère de se soutenir. Construire un réseau, c'est bien plus que serrer des mains ou échanger des cartes de visite. C'est un travail qui exige de la patience, de la sincérité et une véritable curiosité pour les autres. Quand je rencontre quelqu'un, je ne me contente pas de parler affaires. Je m'intéresse à son histoire, à ses défis, à ce qui le motive. Je prends des nouvelles, j'envoie des messages, pas seulement pour demander quelque chose mais pour maintenir le lien, pour montrer que cette relation compte pour moi. Parfois, après des mois sans contact, je reprends la plume pour écrire à quelqu'un que j'ai rencontré, juste pour savoir comment il va ou pour partager une idée ou un article qui pourrait l'intéresser. Les relations se construisent et se renforcent avec le temps, et il est crucial de ne pas laisser ces liens se distendre.

Parfois, contre toute attente, quelqu'un que vous avez aidé ou soutenu, même d'une manière qui vous semblait anodine, revient vers vous avec une opportunité, une idée ou une recommandation. C'est ainsi que fonctionne un réseau. Ce n'est pas une échelle à grimper, mais un écosystème à cultiver. Cet écosystème, je l'ai vu grandir avec moi. Après la vente de Qype à Hambourg, je suis rentrée en France avec un sentiment étrange. J'avais connu le succès à l'étranger, j'avais prouvé ma valeur, mais une fois de retour, je me retrouvais à la croisée des chemins. Revenue à Vitry-sur-Seine, où ma mère vivait toujours et où je m'étais domiciliée, je me suis retrouvée dans une situation presque surréaliste. Moi qui venais de quitter un poste de dirigeante à l'international, j'étais désormais inscrite à Pôle Emploi.

C'était une réalité bien différente de celle que j'avais connue, plus brute, plus terre à terre. Tous les jours, je croisais des gens qui peinaient à trouver du travail, des visages marqués par l'inquiétude et le doute. À chaque visite, les mêmes histoires résonnaient : des entreprises qui cherchaient désespérément à recruter et des chômeurs qui, malgré leurs efforts, n'arrivaient pas à décrocher un emploi. J'y voyais un décalage criant, un gouffre que personne ne semblait capable de combler. C'est dans ce contexte, à la fois déroutant et frustrant, que la conversation qui allait changer le cours de ma vie s'est déroulée.

Philippe Collombel, *managing partner* chez Partech, un des anciens investisseurs de Qype, m'a appelé pour prendre de mes nouvelles. Il a toujours été un mentor de l'ombre, quelqu'un en qui j'avais une confiance immense, qui a cru en moi dès le début. Au cours de notre échange, il m'a lancé de but en blanc : « Stéphanie, c'est le moment de monter ta boîte. » Je me souviens être restée bouche bée. « Je n'ai pas vraiment d'idée », lui ai-je dit, un peu perdue. J'avais toujours rêvé de lancer ma propre start-up mais je ne m'en sentais pas encore pleinement capable. Philippe m'a expliqué que Partech s'intéressait particulièrement à trois secteurs en pleine expansion : l'e-commerce, le marché des seniors et l'emploi. L'e-commerce, c'était tentant, mais la perspective de me lancer en compétition frontale contre les géants comme Cdiscount ne m'attirait pas. Quant aux seniors, l'idée me rappelait trop douloureusement mes récents adieux à mes grands-parents. Ce n'était pas un terrain où je me sentais prête à m'investir émotionnellement. Restait l'emploi.

STÉPHANIE, C'EST LE MOMENT DE MONTER TA BOÎTE.

Alors tout s'est éclairé. L'image des files d'attente à Pôle Emploi, ces CV empilés, ces offres non pourvues me sont revenus en mémoire, ces conversations entendues dans les couloirs, cette détresse palpable chez ceux qui ne comprenaient pas pourquoi ils n'arrivaient pas à trouver du travail malgré des centaines de candidatures envoyées.

L'idée a jailli presque spontanément : et si je créais un pont, un système capable de faire correspondre ces offres d'emploi avec les profils, automatiquement, sans biais, sans tracas ?

TOUT S'EST ÉCLAIRÉ !

C'est ainsi que Qapa est née, non pas d'un éclair de génie soudain, mais d'une série de moments de vie, de conversations et de constats. Je me suis dit qu'il devait exister un moyen de rendre ce processus plus efficace, plus humain. Utiliser des algorithmes pour faire correspondre les CV aux offres d'emploi me paraissait non seulement logique, mais indispensable. Voilà la solution. J'étais portée par cette vision, ce désir de changer les choses, de combler ce fossé entre les entreprises en quête de talents et les personnes désespérées à la recherche d'une opportunité. L'aventure Qapa est la concrétisation de tout cela. C'est la réponse à ces visages inquiets que j'avais croisés, à cette conversation avec Philippe qui m'a donné l'impulsion dont j'avais besoin. Ce projet n'était pas juste une entreprise, c'était un prolongement de moi-même, de ce que j'avais vu, ressenti, et de ce que je voulais changer. Qapa est ma première start-up, un défi lancé à un système défaillant. Chaque fois que je repense à cette période, je pèse à quel point cette idée, née dans les couloirs de Pôle Emploi de Vitry-sur-Seine, est devenue bien plus qu'un simple projet entrepreneurial : elle a redonné espoir à des milliers de personnes en quête d'un avenir meilleur.

Quand on me demande si mon réseau ne m'a jamais offert une opportunité professionnelle inattendue, je suis toujours hésitante. La vérité, c'est que je n'ai jamais eu cette grande chance tombée du ciel, cet appel surprise qui change tout en un instant. Ou peut-être que si, finalement, je n'ai eu que ça. Une succession de petites opportunités, de discussions fortuites, d'échanges nourris de curiosité et d'écoute, qui, cumulés, ont fini par dessiner le chemin de ma carrière. Je crois profondément que chaque échange, chaque rencontre, est une graine semée qui peut, un jour, éclore en une opportunité insoupçonnée. Être en alerte, c'est être attentif aux idées qui germent, aux tendances émergentes, aux besoins non exprimés mais bien réels. Dans ces moments de dialogue, je m'efforce toujours de voir au-delà des mots, de détecter ces signaux faibles qui pourraient se transformer en grandes idées, en projets ambitieux.

Il y a tout de même une rencontre particulière dans ma carrière, qui m'a véritablement mis le pied à l'étrier, qui m'a donné envie d'évoluer, de sortir de ma zone de confort : celle avec Dominique Vidal, DG Europe de Yahoo!, en charge de piloter une partie de l'avenir numérique du continent. Patrick Le Lay, alors président de TF1 et patron d'Eurosport, m'avait chargée de trouver un partenariat stratégique pour booster notre présence sur Internet. C'est ainsi que Dominique Vidal est devenu plus qu'un simple partenaire d'affaires : une personne dont l'avis compte véritablement.

Après que notre partenariat a pris forme, il a quitté Yahoo! et est devenu *partner* chez Index, un des plus grands fonds d'investissement au monde. C'est là que son influence sur ma carrière a pris un tournant décisif. Lors d'une conversation, alors que je me questionnais sur la suite de ma carrière, il m'a glissé l'idée de quitter Eurosport pour me lancer dans une nouvelle aventure : rejoindre une start-up pour apprendre le métier d'entrepreneur. Au même moment, on me contactait pour le poste de COO de Qype. L'idée de tout quitter pour rejoindre une petite structure encore inconnue m'a d'abord effrayée. J'avais un poste confortable, un statut de cadre dirigeant, je manageais des équipes incroyables sur plusieurs continents, et ma vie à Paris était bien installée. Mais Dominique, avec sa vision claire et sa capacité à voir au-delà de l'instant présent, m'a ouvert les yeux sur une réalité plus excitante : l'avenir ne résidait pas dans la sécurité d'un grand groupe, mais dans l'innovation et la prise de risques. Il m'a insufflé le courage nécessaire pour sauter dans l'inconnu, pour quitter un poste prestigieux et stable pour une aventure où tout restait à construire. Je me souviens de mes derniers jours à Eurosport, partagés entre l'excitation et l'angoisse.

JE CROIS PROFONDÉMENT
QUE CHAQUE ÉCHANGE,
CHAQUE RENCONTRE, EST
UNE GRAINE SEMÉE QUI
PEUT, UN JOUR, ÉCLORE
EN UNE OPPORTUNITÉ
INSOUPÇONNÉE.

Quitter une entreprise où j'avais tant appris, où j'avais tant donné, n'était pas facile mais je savais que c'était la bonne.

En octobre 2007, j'ai rejoint Qype à Hambourg. C'était, certes, plonger dans l'inconnu, mais aussi m'offrir la chance de créer, d'innover, de façonner quelque chose de nouveau. C'est là que j'ai compris, plus que jamais, l'importance du réseau. Pas seulement pour les opportunités qu'il peut offrir, mais pour les conseils, le soutien, l'inspiration qu'il apporte. Dominique Vidal a ainsi été une véritable boussole, quelqu'un qui, par ses quelques mots et ses encouragements, a changé le cours de ma vie professionnelle.

Cette expérience m'a aussi appris une leçon cruciale : dans une carrière, on croise les gens en montant, mais aussi en descendant. On peut connaître des périodes de succès éclatant, où tout semble aller pour le mieux, mais aussi des moments de doute, d'échec, où l'on se demande si on a pris les bonnes décisions. Dans ces moments-là, le réseau prend toute son importance. Il ne s'agit pas seulement de connaître des personnes influentes, mais de maintenir des relations sincères, basées sur la confiance et le respect mutuel. Le réseau, c'est comme un filet de sécurité : il vous rattrape quand vous tombez, et il vous donne un coup de pouce quand vous en avez besoin. Mais pour que ce filet soit solide, il faut le tisser avec soin et sincérité, fil après fil, échange après échange, un peu comme on cultiverait un jardin. Il faut du temps, de l'attention, et une certaine régularité pour que chaque relation s'épanouisse.

DANS UNE CARRIÈRE, ON CROISE LES GENS EN MONTANT, MAIS AUSSI EN DESCENDANT.

Mais plus le réseau s'étend, plus il devient difficile de lui consacrer le temps nécessaire. Quand on est à la tête d'une entreprise, chaque minute compte, et jongler entre la gestion du business et le maintien de relations de qualité peut sembler un défi insurmontable. Pour moi, la clé réside dans la constance et la présence, même dans les moments où le temps semble manquer. J'ai appris très tôt l'importance d'être là pour les autres quand ils en ont vraiment besoin. C'est une qualité simple, mais rare dans le monde des affaires, où tout va toujours trop vite, où l'on est constamment sollicité. Pourtant, c'est précisément dans ces moments d'adversité, lorsque quelqu'un traverse une période difficile, que l'on peut véritablement renforcer les liens. Les gens se souviennent de ceux qui les ont soutenus quand tout allait mal, et c'est souvent dans ces instants que se forge la loyauté la plus durable.

Comment faire quand le temps manque et que les demandes s'accumulent ? Je suis souvent confrontée à ce dilemme, notamment avec les nombreuses sollicitations d'étudiants ou de jeunes professionnels cherchant des conseils. Parfois, les messages affluent par dizaines en une journée, et répondre à chacun devient impossible. J'ai dû trouver une solution pour continuer à transmettre mon expérience sans sacrifier mon rôle de cheffe d'entreprise. C'est ainsi que l'idée du podcast est née. Plutôt que de répondre individuellement, j'ai choisi de partager mes conseils de manière large, pour tout le monde. Mon podcast *On lâche rien* est ainsi né d'une envie profonde de partager, de transmettre, mais aussi de secouer les esprits. Chaque semaine, je m'installe derrière le micro avec l'énergie débordante qui m'accompagne au quotidien, que ce soit pour lancer une start-up ou pour relever un nouveau défi.

MON PODCAST *ON LÂCHE RIEN* EST AINSI NÉ D'UNE ENVIE PROFONDE DE PARTAGER, DE TRANSMETTRE, MAIS AUSSI DE SECOUER LES ESPRITS.

On lâche rien n'est pas un podcast comme les autres. C'est un rendez-vous où j'explore l'entrepreneuriat sous toutes ses coutures, avec la détermination qui me caractérise, cette soif de creuser, d'aller au fond des choses. Dès les premiers épisodes, j'ai voulu qu'il me ressemble : énergique, direct, passionné, authentique. Chaque épisode doit laisser une trace, secouer les auditeurs, les pousser à se lever et à agir. Les entrepreneurs que je reçois sont à l'image de cette aventure : inattendus, inspirants, venus d'horizons aussi divers que fascinants. Tous ont un point commun : ils n'ont jamais abandonné, ils ont persisté, même quand les vents étaient contraires. Leurs histoires sont des leçons de vie, des témoignages d'une résilience à toute épreuve. À travers leurs parcours, je veux montrer que, plus qu'une aventure économique, l'entrepreneuriat est un état d'esprit, une philosophie de vie. Il s'agit de comprendre ce qui se cache derrière ces réussites, de dénicher des leçons dans les échecs, et de découvrir comment ces personnalités hors du commun ont transformé leurs rêves en réalité. Ce sont des discussions vraies, sans artifices, où l'on parle autant des moments de gloire que des moments de doute, de ces instants où tout peut basculer.

On rit beaucoup dans *On lâche rien*, on s'étonne aussi. Mais surtout, on apprend. J'y partage avec mes invités des conseils pratiques, des astuces à appliquer immédiatement, que l'on soit en train de lancer son premier projet ou que l'on dirige déjà une entreprise florissante. Au-delà des conseils, c'est cette bonne humeur communicative, cette énergie positive, qui fait la force de chaque épisode : peu importent les obstacles, peu importent les défis, il faut continuer, il faut persévérer, parce que, au bout du chemin, il y a toujours quelque chose d'incroyable qui nous attend. J'aime partager, échanger, apprendre, plonger dans ces discussions enrichissantes, et découvrir des personnalités uniques qui ont toutes un point commun : elles n'ont jamais lâché. À travers leurs histoires, c'est une part de moi que je partage avec vous.

ON RIT BEAUCOUP DANS MON PODCAST, ON S'ÉTONNE AUSSI. MAIS SURTOUT, ON APPREND.

Les réseaux sociaux sont ainsi devenus mes alliés indispensables pour maintenir cette connexion avec le monde, pour continuer à partager et à inspirer. LinkedIn est bien sûr au cœur de ma stratégie. J'y publie régulièrement des réflexions, des conseils et des anecdotes tirés de mon expérience. Chaque post est une invitation à la discussion, un moyen d'échanger des idées avec des professionnels de tous horizons, et aussi une manière de répondre aux nombreuses sollicitations que je reçois. En partageant publiquement ce que d'autres me demandent en privé, je touche un large public tout en optimisant mon temps. Mais LinkedIn n'est pas mon seul terrain d'expression. X (anciennement Twitter), avec sa rapidité et sa spontanéité, me permet de réagir à chaud, de commenter l'actualité entrepreneuriale ou de partager des ressources utiles en quelques mots. Instagram, quant à lui, est l'espace où je peux montrer les coulisses, les moments plus personnels de mon quotidien d'entrepreneuse, et où je peux m'adresser à une communauté plus jeune, plus visuelle, avide de contenus inspirants. J'y partage des instantanés de ma vie, des citations motivantes, des souvenirs de rencontres marquantes, toujours avec cette volonté de transmettre une énergie positive. Sur Facebook, je tisse des liens plus personnels, je réponds à des messages, je participe à des groupes dédiés aux entrepreneurs. C'est un espace plus détendu où les échanges sont souvent plus longs, plus détaillés, et où je peux vraiment prendre le temps de dialoguer.

Bien plus que de simples outils de communication, ces plateformes sont des extensions de ma voix, des lieux où je peux continuer à inspirer, motiver, conseiller, transmettre, même à distance. En investissant du temps et de l'énergie dans ces réseaux, je crée des ponts, je cultive un réseau vivant et vibrant, où chaque échange peut devenir une opportunité, un point de départ pour quelque chose de grand. Au fond, l'entrepreneuriat, c'est aussi cela : capter les signaux du monde qui nous entoure et transformer chaque interaction en une chance de bâtir l'avenir. Le réseau ne consiste pas seulement à échanger avec ceux qui sont déjà établis ou influents dans leur domaine. Il est tout aussi crucial de se tourner vers de nouveaux talents qui nous font découvrir chaque jour de nouvelles choses. En partageant avec eux des conseils et des ressources, on tisse des liens qui, bien que naissants, peuvent se révéler précieux.

> **POUR MAINTENIR ET DÉVELOPPER UN RÉSEAU, IL EST IMPORTANT D'ÊTRE VISIBLE, DE SORTIR, DE RENCONTRER DU MONDE.**

Pour maintenir et développer un réseau, il est important d'être visible, de sortir, de rencontrer du monde. Chaque événement, chaque conférence est une opportunité pour créer de nouvelles connexions. Mais il ne s'agit pas simplement de se montrer, il s'agit de créer des souvenirs, de partager des expériences. Faire du business ensemble, c'est traverser des épreuves, fêter des succès, construire quelque chose qui dépasse le simple échange professionnel. Ce sont ces moments partagés, ces aventures communes, qui rendent une relation mémorable. Le principe fondamental dans le développement d'un réseau est simple : il faut donner pour recevoir.

Il y a des conseils qui marquent un tournant dans une vie, des paroles prononcées avec une telle clarté qu'elles résonnent longtemps. Pour moi, l'un des conseils les plus précieux que j'ai reçus est venu lors d'un dîner banal dont les échos continuent de guider mes décisions. C'était il y a quelques années, avec Nicolas Urban, une des personnes qui me connaît le mieux. Nous étions attablés dans un restaurant parisien, entourés du murmure des conversations. Alors que le dessert est arrivé, je lui ai confié mes doutes et mes hésitations quant à l'avenir de Qapa. Je me demandais si je devais continuer à pousser vers l'avant ou prendre un tournant à 180 degrés. Il a posé son café, m'a regardée droit dans les yeux et a dit : « Dans l'entrepreneuriat, il y a une règle fondamentale : écouter les conseils, mais ne jamais perdre de vue ta propre vision. Le plus important, c'est de rester fidèle à ce que tu es et à ce que tu veux accomplir. Les meilleures décisions viennent de l'intérieur, pas de l'extérieur. » Ces mots ont résonné comme un coup de tonnerre dans mon esprit. Dans ce monde où les opinions fusent de toutes parts, il est facile de se laisser influencer.

L'ART DE POSER DES QUESTIONS.

Appliquer ce conseil a été un voyage en soi. D'abord, il m'a fallu prendre du recul et faire le point sur ce qui comptait réellement pour moi. J'ai pris le temps de redéfinir ma vision, de clarifier mes objectifs et de m'assurer que chaque décision que je prenais était alignée avec mes aspirations profondes. Ce processus, à la fois libérateur et exigeant, m'a permis de me recentrer sur l'essentiel. Par exemple, à ce moment crucial du développement de Qapa, garder à l'esprit que l'essence de Qapa devait rester fidèle à ma vision m'a aidée à naviguer à travers nombre d'opinions divergentes. J'ai appris à écouter attentivement, à intégrer les retours constructifs, sans pour autant sacrifier ma vision pour plaire. Cela m'a permis de prendre des risques calculés, d'être audacieuse tout en restant alignée avec mes valeurs. C'est ainsi que j'ai pris la décision d'embaucher Laurent Delaporte à la tête de Qapa. Aujourd'hui, je sais combien ce conseil a façonné mon approche de l'entrepreneuriat et de la vie. Il m'a donné la force de défendre mes convictions, d'oser l'inconnu, et de rester fidèle à moi-même tout au long du chemin.

Dans le tourbillon effervescent de l'entrepreneuriat, où chaque jour est une aventure en soi, certains conseils résonnent comme des révélations. C'est ainsi que Laurent Delaporte m'a introduite à une notion qui, à première vue, semble simple mais qui s'est avérée révolutionnaire : l'art de poser des questions. Comme Socrate, ce philosophe grec qui marchait pieds nus et apprenait des autres en les interrogeant, j'ai découvert que la clé n'est pas toujours de parler, mais d'écouter. Chaque personne, qu'il s'agisse de clients, de prospects, de dirigeants ou de collaborateurs, détient une richesse d'informations et de perspectives uniques. En posant des questions, j'ouvre la porte à une compréhension plus profonde des besoins des autres et je crée des opportunités d'échanges significatifs. Écouter, c'est offrir à l'autre une place pour s'exprimer, tout en renforçant des liens.

LE MIEUX EST L'ENNEMI DU BIEN.

Un autre conseil a eu un impact profond sur moi : « Le mieux est l'ennemi du bien. » Car ma tendance au perfectionnisme, autrefois source de fierté, était devenue un obstacle. Je passais des heures interminables à peaufiner un document ou à réécrire une proposition commerciale, cherchant à atteindre une perfection qui, au final, me paralysait. Ce perfectionnisme a retardé des projets et m'a aussi fait perdre du temps. Aujourd'hui, je me rappelle cette maxime presque quotidiennement. Je me permets désormais de lâcher prise sur l'idée de perfection absolue et d'apprécier la valeur d'un travail bien fait, même s'il n'est pas parfait. Cette leçon m'a appris à avancer avec confiance, à effectuer le travail avec soin, sans me laisser paralyser par le besoin de perfection.

Ces deux conseils, l'un reçu et l'autre découvert par moi-même, sont devenus des piliers de ma manière de travailler et de vivre. Ils me guident, m'aident à évoluer et à avancer avec plus de sérénité et d'efficacité. Ils sont des boussoles précieuses dans le monde complexe des relations et de l'entrepreneuriat, me permettant de bâtir des connexions solides et de progresser avec assurance dans mon aventure professionnelle.

FICHE PRATIQUE 5

LE POUVOIR DU RÉSEAU : 7 RÈGLES POUR TISSER DES LIENS QUI COMPTENT

❶ Cultive ton authenticité

Ne cherche pas à impressionner à tout prix. Sois toi-même lors de chaque rencontre et dans chaque relation professionnelle. L'authenticité crée des connexions fortes et durables, basées sur la confiance mutuelle.

❷ Entretiens un réseau même quand tu n'en as pas besoin

Ne fais pas appel à tes contacts seulement en période de besoin. Prends régulièrement des nouvelles, échange des idées avec eux, et montre que tu valorises les relations au-delà des enjeux professionnels immédiats.

❸ Réseaute dans les environnements inattendus

Les meilleures opportunités peuvent surgir lors d'un événement où tu te sens en décalage. Sois ouvert à ces moments imprévus et saisis-les pour nouer des relations nouvelles et enrichissantes, et élargir tes perspectives.

❹ Ne sous-estime jamais les relations passées

Même si une personne ne joue pas un rôle immédiat dans ta carrière, elle pourrait le faire plus tard. Chaque lien compte, même ceux qui semblent anodins à première vue. Cultive ces relations sur le long terme, prends des nouvelles, organise des rencontres.

❺ Ne t'enferme pas dans des cercles fermés

Sortir de sa zone de confort et interagir avec des personnes d'horizons différents peut ouvrir des perspectives nouvelles. Réseaute au-delà de ton secteur pour découvrir des opportunités.

❻ Utilise les médias sociaux pour maintenir une visibilité constante

Les réseaux sociaux, surtout LinkedIn, sont des outils puissants pour rester en contact avec ton réseau, même de manière passive. Publie régulièrement des contenus pertinents pour entretenir des liens et attirer de nouvelles connexions.

❼ Tire parti des mentors pour développer ta vision

Les mentors sont des ressources précieuses pour aider à voir plus loin. Identifie des personnes qui ont déjà franchi les obstacles auxquels tu fais face et sois prêt à intégrer leurs conseils dans ta stratégie.

EXERCICES

1. Se lancer quand on ne connaît personne : Participe à un événement professionnel ou communautaire où tu ne connais personne. Prépare à l'avance 3 sujets de conversation pour engager des discussions avec des inconnus.

1. ....
2. ....
3. ....

Action immédiate : Note 3 contacts intéressants que tu as faits pendant l'événement et envoie-leur un message de suivi dans les 48 heures.

1. ....
2. ....
3. ....

2. Utiliser les réseaux sociaux de manière proactive : Planifie et publie un post sur LinkedIn partageant une expérience personnelle ou un apprentissage récent lié au réseautage. Encourage la discussion et la participation.

....

....

....

....

....

Action immédiate : Réponds aux commentaires et aux messages reçus dans les 3 jours suivants pour maintenir l'engagement.

3. Intégrer le réseautage dans la routine quotidienne : Consacre 15 minutes par jour à interagir sur les réseaux sociaux, à envoyer des messages de suivi ou à planifier des rencontres informelles.

....

....

....

....

....

....

....

....

....

....

....

....

....

....

Action immédiate : Fixe-toi comme objectif de contacter au moins une nouvelle personne par jour pendant une semaine et de noter les résultats.

1. ....
   ....
2. ....
   ....
3. ....
   ....
4. ....
   ....
5. ....
   ....
6. ....
   ....
7. ....
   ....

4. Trouver et approcher un mentor : Fais une liste de 3 personnes que tu admires dans ton domaine et que tu pourrais approcher pour des conseils. Prépare un message authentique pour entrer en contact avec elles.

1. ....

....

....

2. ....

....

....

3. ....

....

....

Action immédiate : Contacte au moins une de ces personnes et demande un rendez-vous de 15 minutes (en distanciel ou en présentiel) pour obtenir des conseils spécifiques.

....

....

....

CHAPITRE 6

ENTREPRENEURIAT ET INNOVATION

C'était la fin de l'été 2011, un de ces jours où l'air est assez chaud pour que l'on sente encore les traces des vacances. Je me trouvais près du Louvre, au volant de ma vieille Golf bleue, cette voiture fidèle avec ses presque 200 000 kilomètres au compteur, une compagne silencieuse qui avait traversé avec moi tant de moments de ma vie. Je savais que cette journée serait différente, décisive. Celle où il n'y aurait plus de retour en arrière possible. La panique montait. Tout en moi criait que c'était le moment d'agir. C'était comme être au bord d'un précipice : soit reculer vers la sécurité, soit plonger dans l'inconnu. Le téléphone était posé devant moi, m'offrant deux chemins bien distincts : accepter un poste prestigieux, une carrière assurée, ou refuser et suivre ce rêve flou mais bouillonnant qui grandissait en moi. J'ai pris une grande inspiration et, comme si c'était la chose la plus évidente à faire, j'ai sauté dans le vide. D'une voix tremblante mais résolue, j'ai annoncé à l'entreprise qui m'avait proposé un poste en or que je refusais son offre. Je venais de décider de créer ma propre start-up.

Une voix calme m'a répondu : « Je comprends. Je ne suis pas certain que j'aurais ton courage, mais vas-y. Fais-le. » Ces mots, simples mais lourds de sens, validaient ma décision. « Tu apprendras tellement que cela enrichira ton parcours, quoi qu'il arrive. » Ce n'était pas seulement un encouragement, c'était aussi un rappel que cette aventure, même si elle est effrayante, ne serait jamais vaine. Je l'ai remercié du fond du cœur, puis j'ai raccroché. Un silence dense s'est installé dans la voiture. Je n'étais plus la même. J'avais sauté, et, désormais, il n'y avait plus qu'un chemin possible : celui de la création, du défi, du rêve.

Ce choix, pourtant, n'avait rien d'évident. « Pourquoi maintenant ? » me demandais-je encore quelques instants plus tôt. Peut-être parce que, pour la première fois, il semblait possible de tout réinventer. Avant l'ère d'Internet, monter une entreprise impliquait de créer une usine ou de devenir commerçant. Mais avec la révolution numérique, tout changeait. Des barrières s'effondraient. En travaillant avec des développeurs, il était désormais possible de révolutionner un secteur avec peu de capital et beaucoup d'audace. Cette audace, je la sentais monter en moi, nourrie par mes années d'expérience.

IL N'Y AVAIT PLUS QU'UN CHEMIN POSSIBLE : CELUI DE LA CRÉATION, DU DÉFI, DU RÊVE.

Durant mon parcours à Eurosport, j'avais dirigé les projets Internet. J'avais appris à maîtriser le digital, à comprendre ses rouages et ses dynamiques. Puis Qype, que j'avais dirigé à Hambourg, était devenue leader en Europe avec seulement six employés au départ. Cette expérience avait tout changé. J'avais découvert la soif de l'innovation, l'envie irrépressible de construire quelque chose de mes propres mains. À cet instant précis, dans ma Golf bleue, tout ce savoir accumulé me disait que le moment était venu de prendre les rênes. Le territoire des possibles s'ouvrait devant moi comme une vaste étendue inexplorée.

Ce n'était pas simple. Après mon retour en France, les propositions avaient afflué. Des recruteurs s'étaient succédé, me proposant des postes prestigieux à l'étranger. Une opportunité en particulier s'était imposée : Cdiscount, à Bordeaux. Tout avait commencé par un coup de fil du chasseur de têtes. L'idée de reprendre un rôle de DG dans une entreprise digitale titillait mon ambition. Les entretiens s'étaient enchaînés, une danse interminable d'échanges, de questions, de présentations où je devais prouver, encore et encore, que j'étais à la hauteur. Chaque entretien se passait bien,

J'AI PRIS UNE GRANDE INSPIRATION ET REFUSÉ CE POSTE EN OR. JE VENAIS DE DÉCIDER DE CRÉER MA PROPRE START-UP.

chaque rencontre me rapprochait un peu de la ligne d'arrivée. Après plusieurs conversations avec les dirigeants de Cdiscount, je me disais que c'était sûrement là que j'allais atterrir. Il y avait cette sécurité rassurante : un salaire confortable, des équipes sous ma direction, les avantages d'une grande entreprise déjà bien établie. Et puis, l'offre était arrivée. Le poste tant convoité, la promesse d'un avenir tout tracé.

Et quelque chose en moi avait résisté. Malgré ce que cette proposition représentait, une part de moi aspirait à autre chose. L'inconnu me fascinait, une petite voix me murmurait qu'il était temps de prendre un chemin différent. Puis il y avait eu cette discussion avec Philippe Collombel, *partner* du fonds d'investissement Partech, l'homme qui m'avait sélectionnée pour devenir DG chez Qype. Cette fois encore, il m'avait dit les mots que je n'oublierai jamais : « Stéphanie, on a besoin de femmes entrepreneuses. Tu as appris tellement, c'est le moment de monter ta propre boîte. » Ces paroles avaient résonné en moi comme une évidence. Il m'avait même dit qu'il me soutiendrait si je me lançais. C'était l'impulsion dont j'avais besoin.

Mais ce moment restait terrifiant. Quitter le confort d'un emploi sécurisé pour un saut dans l'inconnu ? Cette décision pesait lourd, comme un poids qui grandissait à chaque instant. D'un côté, il y avait cette image presque parfaite : un poste bien payé, des équipes à la direction, une voiture de fonction, un rôle prestigieux dans une société bien installée, avec un historique solide, des clients fidèles, un chiffre d'affaires assuré. Tout était déjà tracé, comme une autoroute sans embûches. Je savais que chaque jour, chaque semaine, l'entreprise fonctionnerait avec ses rouages bien huilés, ses objectifs clairs. Rien à prouver, juste à gérer. De l'autre côté, c'était le grand vide. L'aventure solitaire qui m'appelait n'avait rien de confortable. Pas de salaire, pas de clients, et pas même une idée concrète. Je me retrouvais face à un grand saut dans un trou noir, sans aucune garantie de ce que je trouverais de l'autre côté.

Partir de zéro, tout seul, ou presque. Rien n'était tracé. Tout était à construire. Le pas semblait vertigineux, presque insurmontable.

Pourtant... c'était précisément ce vide, cet inconnu qui m'attiraient. Là où certains voyaient un abîme, moi, je voyais un champ des possibles, un territoire immense à explorer. Peut-être est-ce la peur qui me guidait, mais cette peur-là, je devais l'affronter. Ce moment, aussi effrayant soit-il, marquait le début de quelque chose de plus grand. Un choix audacieux que peu oseraient faire, mais que je me sentais prête à effectuer. Le pas était difficile, mais je savais au fond de moi qu'il devait être franchi. J'avais 40 ans, je savais que si je ne le faisais pas maintenant, il serait trop tard. Et puis, que risquais-je vraiment ? Peut-être d'échouer. Peut-être que, dans deux ou trois ans, je me retrouverais à la case départ. Mais cette idée m'effrayait de moins en moins. Au contraire, elle semblait être la clé de cette liberté que je cherchais tant. L'opportunité de prendre mes propres décisions, de suivre mon propre chemin, et d'en assumer pleinement les conséquences. Une fois que j'ai raccroché, le silence dans la voiture était palpable. J'avais sauté. Et désormais, tout était à construire.

« C'ÉTAIT PRÉCISÉMENT CE VIDE, CET INCONNU QUI M'ATTIRAIENT.

Lancer une start-up, c'est comme sauter d'un avion sans parachute, avec la conviction qu'on pourra le construire en route. Étonnamment, le plus grand défi, ce n'est pas de voler, c'est d'avoir sauté. La décision de se lancer, de quitter la sécurité du salariat, c'est là que tout se joue. Une fois ce pas franchi, il n'y a plus de retour en arrière. Ce moment précis, chargé d'adrénaline, propulse dans un monde nouveau où tout semble possible. Quand on crée son entreprise, les défis sont invisibles. On est porté par l'excitation, la nouveauté, l'euphorie de ce qui est à construire. Les clients ne sont pas encore là, mais on s'en moque presque. On se dit que c'est normal, que la priorité est ailleurs. L'urgence, c'est de se concentrer sur le produit, de bâtir quelque chose de solide.

Avec mes trois cofondateurs, j'avais la chance d'avoir levé un million sept dès le départ. C'était une victoire en soi. Cette somme représentait bien plus qu'un chiffre sur un compte en banque : c'était la validation de notre vision, la promesse que tout allait bien se passer. Nous étions quatre à embarquer dans cette aventure, avec l'énergie et la certitude que tout était possible. Les premières années ont presque été idylliques. Une véritable belle époque. Bien sûr, il y a eu des obstacles, des petites difficultés du quotidien, mais rien qui ne semblait insurmontable. Avec mon parcours, rien ne me dérangeait. Que ce soit commander le papier toilette pour l'équipe ou passer la serpillière dans nos bureaux, ces tâches faisaient partie du jeu, et je les accomplissais sans rechigner. C'était simple, c'était humble, mais c'était aussi notre vie, celle que nous avions choisie.

En 2011, la pression n'était pas aussi écrasante qu'aujourd'hui. La concurrence dans le monde des start-up n'était pas aussi rude, et il n'y avait pas cette course effrénée pour trouver des clients dès les premières semaines. On pouvait encore se permettre de prendre un peu de temps, de savourer ces moments où tout restait à écrire. Nous avions l'espace pour respirer, pour rêver. Aujourd'hui, tout va plus vite. La pression est immédiate ; la concurrence, féroce. Ces premières années à construire Qapa restent gravées comme un souvenir lumineux. Entre ces instants pleins d'excitation et d'opportunités, et les défis plus concrets qui ont suivi, il y a eu des moments charnières, des apprentissages marquants, comme ma première télévision. C'est à ce moment-là que j'ai pris conscience de l'exposition grandissante de Qapa, mais aussi de l'évolution de mon rôle. Cette apparition à la télévision symbolisait mon passage dans une autre dimension, où la visibilité publique devenait un enjeu crucial, où chaque intervention comptait pour faire connaître notre entreprise. C'était aussi un avant-goût des nouvelles pressions qui allaient bientôt rythmer notre quotidien : être toujours prêt, toujours sur le devant de la scène. Ma première télé reste gravée dans ma mémoire comme un défi monumental. Ce n'était pas juste

LANCER UNE START-UP, C'EST COMME SAUTER D'UN AVION SANS PARACHUTE AVEC LA CONVICTION QU'ON POURRA LE CONSTRUIRE EN ROUTE.

une interview, c'était un moment où tout mon corps et mon esprit étaient en alerte, une épreuve presque initiatique.

C'était France 3 qui avait débarqué dans nos bureaux. On voulait m'interviewer. Pourquoi moi ? Peut-être parce que j'étais la seule femme dans l'équipe fondatrice, ou simplement parce que j'étais la CEO, celle qui devait incarner la voix de Qapa. C'était mon rôle, après tout, mais à ce moment précis, ça ressemblait plus à une mission impossible qu'à une simple interview. Dès l'arrivée des journalistes, la panique m'a envahie. Mon cœur battait à tout rompre. Je me suis dit : « Mais qu'est-ce que je fais là ? Je ne suis pas prête. Je pense que je vais vomir de peur. » Je transpirais à grosses gouttes, incapable de me calmer. Comme si ça ne suffisait pas, les doutes ont commencé à m'assaillir : « Est-ce que je suis bien habillée ? Est-ce que je vais trouver les bons mots ? Et si je bafouille ? » Tout se mélangeait dans ma tête, et j'avais l'impression que la moindre erreur pourrait ruiner Qapa.

TOUT SE MÉLANGEAIT DANS MA TÊTE, J'AVAIS L'IMPRESSION QUE LA MOINDRE ERREUR POURRAIT RUINER QAPA.

Je me suis raccrochée à ce que je savais faire de mieux : demander de l'aide. À ce moment-là, je n'étais pas seule, heureusement. J'avais fait appel à un expert en communication que j'avais rencontré un peu par hasard mais qui, dès le début, m'avait inspiré confiance. Gildas Piquet-Friboulet, un pro des relations publiques, était là. C'était réconfortant, car aucun de nous n'avait la moindre expérience dans ce domaine. C'était donc lui qui avait pris en main toute la stratégie, et en cet instant je savais que je pouvais compter sur lui. Juste avant le tournage, Gildas m'a parlé, m'a calmée, et m'a posé des questions pour me faire penser à autre chose. Il m'a briefée : « Concentre-toi sur deux ou trois messages clés. Surtout, n'oublie pas de citer le site, on a besoin d'audience. » C'était le but : faire connaître Qapa à travers chaque mot, chaque réponse. C'était vital. Mes cofondateurs étaient aussi présents, ce qui me rassurait, comme une armée silencieuse derrière moi. J'ai pris une grande inspiration. Je me suis répété : « Cite le site, donne un message clair, respire. » Et j'y suis allée. Le tournage a commencé.

CHAQUE ÉTAPE FRANCHIE APPORTE SON LOT DE DÉFIS.

Les premières secondes ont été un brouillard. Je me souviens à peine de ce que j'ai dit. Mais petit à petit, j'ai pris le contrôle. Les questions s'enchaînaient et, avec elles, mon assurance grandissait. À la fin, c'était fait. Un soulagement immense m'a envahie. Ce jour-là, j'avais réussi. C'était mon baptême du feu à la télévision. Après cette première fois, d'autres sont venues : France 2, BFM, et d'autres chaînes encore. Chaque passage m'a appris à mieux maîtriser mon stress, à aimer ça. L'interview n'était plus une source de panique, mais une opportunité d'affirmer ma vision, de défendre Qapa, et de faire en sorte que tout le monde se souvienne de notre nom et de notre service.

Alors que chaque étape franchie apportait son lot de défis, je connaissais une fierté grandissante à chaque nouvelle réalisation. Parmi ces moments d'accomplissement, ce dont je suis le plus fière, c'est notre décision audacieuse de pivot stratégique. Lorsque nous avons lancé Qapa, nous étions un *job board* classique, soit un site d'emploi où les CV croisaient les offres d'emploi des entreprises, et où chaque candidat espérait se voir offrir la chance d'un poste. Au départ, ce modèle, bien que familier, nous semblait prometteur. Mais très vite, une réalité plus crue s'est imposée. Le marché de l'emploi, vaste en apparence, se révélait limité à quelques centaines de millions d'euros en France. Le volume colossal de concurrents, les géants déjà bien installés, rendait la tâche presque insurmontable. Capter une part significative de ce marché était un défi colossal.

Ce dont je suis la plus fière, c'est d'avoir vu la véritable opportunité cachée derrière ce modèle classique. Rapidement, nous avons compris que notre modèle de *job board* ne suffirait pas à nous propulser vers les sommets. J'ai pris conscience des véritables atouts de Qapa. C'est ainsi qu'en 2016, nous avons pris une décision audacieuse : nous avons pivoté vers une plateforme d'intérim digital, un domaine encore largement inexploré en France. Ce marché, colossal, pesait plus de 20 milliards d'euros rien qu'en France. Cette décision audacieuse n'était pas venue par hasard. Nous avions déjà un avantage précieux : 5 millions de Français et de Françaises inscrits sur notre plateforme. Ces utilisateurs cherchaient activement des opportunités professionnelles, et nous avions développé des algorithmes puissants capables de lire des CV de manière automatique, avec une précision presque surnaturelle. Ils n'étaient pas simplement des outils ; c'étaient des magiciens du *matching*, mettant en relation candidats et offres d'emploi avec une pertinence redoutable.

Le marché de l'intérim, bien que gigantesque, était encore ancré dans des pratiques traditionnelles, avec une gestion manuelle et physique des offres et des candidatures. Il n'avait jamais été véritablement digitalisé, et c'était là que nous pouvions faire la différence. Nous possédions déjà les éléments essentiels pour une telle transformation : une base d'utilisateurs massive, des algorithmes de *matching* sophistiqués, et une plateforme capable d'intégrer ces éléments pour offrir des services fluides et efficaces. Nous n'avions pas besoin d'agences physiques avec des bureaux encombrés et des processus manuels. Nous étions prêts à repenser entièrement la manière dont l'intérim fonctionnait. Cependant, un défi crucial restait à relever : la partie contractuelle. Les agences d'intérim traditionnelles sont responsables de la gestion des contrats de travail et des fiches de paie, et c'est un élément central de leur fonctionnement. Nous devions développer ou trouver un outil capable de créer des contrats de travail, émettre des fiches de paie et assurer les paiements des intérimaires de manière automatisée.

Dans ce moment clé, la détermination et l'innovation devaient s'unir pour transformer une idée ambitieuse en une solution concrète. La magie de cette transition résidait dans le fait de quitter un marché de quelques centaines de millions d'euros pour pénétrer un secteur colossal de plus de 20 milliards. Nous avons pris le risque de sortir du cadre connu pour embrasser un avenir où la digitalisation allait révolutionner l'intérim. Même en prenant une fraction de ce marché gigantesque, nous pouvions réaliser des chiffres bien au-delà de ceux que nous avions envisagés. Prendre seulement 1 % de ce marché représenterait 200 millions de volume d'affaires par an. Ce défi, loin de nous effrayer, a alimenté notre passion et notre volonté de redéfinir les règles du jeu.

DANS CE MOMENT CLÉ, LA DÉTERMINATION ET L'INNOVATION DEVAIENT S'UNIR POUR TRANSFORMER UNE IDÉE AMBITIEUSE EN UNE SOLUTION CONCRÈTE.

La transformation que nous avons opérée a été révolutionnaire. Nous avons digitalisé tout le processus d'intérim, offrant ainsi un confort et une efficacité sans précédent à nos utilisateurs. Fini les allers-retours en agence pour consulter des offres ou rapporter des feuilles d'heures chaque semaine. Les intérimaires pouvaient désormais gérer leur emploi du temps en toute flexibilité, aller chercher leurs enfants à l'école le vendredi soir tout en recevant des notifications sur leur mobile pour des offres d'emploi le lundi matin. Ils n'avaient qu'à accepter ou décliner les propositions, et nous nous occupions du reste. Cette évolution n'était pas seulement une avancée technique, mais une véritable révolution dans la manière de gérer l'emploi temporaire. Notre objectif était clair : simplifier et moderniser l'intérim.

Pendant les dix ans de développement de Qapa jusqu'à sa vente, j'ai eu un autre allié précieux : François Tison, de 360 Capital. François, c'est l'investisseur à qui j'ai confié tous mes doutes ; il a toujours répondu avec intelligence et bienveillance. Il n'était pas seulement un partenaire financier, mais une véritable oreille attentive, toujours prêt à m'aider à analyser les situations complexes que nous rencontrions. Lorsque le chemin devenait incertain, c'est souvent vers lui que je me tournais pour avoir un éclairage neuf, un recul stratégique. François possédait cette rare capacité à poser les bonnes questions, celles qui vous amènent à prendre du recul et à envisager des solutions que vous n'auriez peut-être pas envisagées de vous-même. Il me poussait à aller plus loin, à examiner les angles morts et à douter de mes propres convictions avec rigueur. À chaque étape cruciale – pour des levées de fonds ou pour des décisions stratégiques majeures –, il a été un véritable pilier.

Son intelligence ne se limitait pas à la finance ou aux chiffres, il comprenait les aspects humains et émotionnels de l'entrepreneuriat. Il savait que derrière chaque décision se cachaient des moments de doute, des sacrifices personnels, et des défis. C'est là que sa bienveillance se manifestait le plus. Ses conseils m'étaient toujours offerts avec une humilité rare, tout en ouvrant des perspectives nouvelles. En un sens, François a été bien plus qu'un investisseur pour moi. Il a incarné une forme de mentorat discret mais fondamental, m'a accompagnée dans la réflexion pour m'aider à trouver ma propre voie. Sans lui, certaines des décisions les plus difficiles et impactantes que j'ai prises pour Qapa n'auraient peut-être pas été les mêmes, ou n'auraient pas été prises avec autant de sérénité.

Ainsi, pendant le Covid, j'ai compris que le monde de l'entrepreneuriat allait profondément changer. Le modèle qui consistait à lever des fonds en masse pour scaler rapidement, sans jamais vraiment se préoccuper de la rentabilité, était en train de s'essouffler. Cette logique, qui avait porté tant de start-up vers des cycles de croissance effrénée, était soudain remise en question. Les investisseurs cherchaient désormais à comprendre comment les entreprises pouvaient survivre à long terme, et non plus seulement comment elles pouvaient croître à tout prix. J'ai appelé François dès les premiers jours du confinement. Notre conversation reste gravée dans ma mémoire, car elle a marqué un tournant dans la trajectoire de Qapa. Pour s'adapter à ce nouveau contexte, il fallait rapidement changer de cap. Avec François, j'ai évoqué l'opportunité d'ajuster notre stratégie pour atteindre plus rapidement la rentabilité. Il ne s'agissait plus simplement de croître vite, mais de croître intelligemment, en optimisant nos ressources et en garantissant

**AVEC LE COVID,
IL A FALLU SE REMETTRE
EN QUESTION.
LES INVESTISSEURS
CHERCHAIENT
DÉSORMAIS À
COMPRENDRE COMMENT
LES ENTREPRISES
POUVAIENT SURVIVRE
À LONG TERME, ET
NON PLUS SEULEMENT
COMMENT ELLES
POUVAIENT CROÎTRE
À TOUT PRIX.**

une solidité financière à long terme. François, fidèle à son approche pragmatique et à son sens aigu de l'analyse, a tout de suite compris l'enjeu. Nous avons longuement échangé sur la manière d'améliorer notre trajectoire en réduisant certaines dépenses superflues et en renforçant ce qui faisait notre force : notre capacité à répondre aux besoins réels du marché de l'emploi.

Cette conversation a non seulement confirmé ma décision de réorienter Qapa, mais elle a aussi renforcé mon intuition que la crise du Covid allait servir de catalyseur pour une transformation plus profonde du paysage entrepreneurial. François a été une voix de sagesse à ce moment critique et, grâce à cette discussion, nous avons pu anticiper et adapter notre modèle, nous positionnant ainsi pour une reprise solide post-pandémie. La perspective de la vente de Qapa a été une période d'exaltation pure, un tourbillon d'émotions où chaque instant était chargé de potentiel. Pour moi, l'idée de lutter contre le système n'a jamais été une option. Je voulais jouer avec les cartes que j'avais, transformer les défis en opportunités. Car quand on lance une start-up et qu'on lève des fonds, on entre dans un univers aux règles bien définies, où chaque étape est marquée par des choix décisifs. Le jeu, dans ce monde, se joue selon quatre scénarios possibles. Imaginez une carte au trésor avec quatre chemins distincts devant vous. Le premier est sombre et incertain : la faillite. C'est une issue tragique, mais pas improbable. Le deuxième est celui de la vente. La vente d'une entreprise n'est pas un échec en soi ; c'est une transaction où l'entreprise change de mains, souvent parce que les investisseurs souhaitent récupérer leur mise et réaliser des bénéfices. Le troisième est celui de l'introduction en Bourse, un parcours complexe qui peut propulser l'entreprise vers de nouveaux sommets financiers. Enfin, le quatrième est celui des fonds de *private equity* qui achètent des parts de l'entreprise pour la développer ou la transformer.

ANTICIPER ET ADAPTER NOTRE MODÈLE, NOUS REPOSITIONNER POUR UNE REPRISE SOLIDE POST-PANDÉMIE.

Lorsque vous lancez une start-up avec des fonds d'investissement, ces chemins sont inévitables. Chaque choix aura des implications profondes sur l'avenir de l'entreprise. Pour les investisseurs, l'objectif est clair : réaliser un retour sur investissement, et chaque étape a son propre ensemble de défis et d'opportunités. Pendant que nous évoluions, je savais que ces chemins allaient se dessiner. Si nous réussissions à attirer des fonds de *private equity*, nous pourrions investir encore, acheter d'autres entreprises, et continuer à croître jusqu'à devenir un acteur majeur du secteur. C'était un rêve ambitieux mais réalisable. Cependant, comme me l'avait dit un de mes investisseurs : Une boîte ne se vend pas, elle s'achète. En d'autres termes, la mise en vente d'une entreprise peut parfois être perçue comme un signe que l'entreprise n'est plus en pleine forme, que peut-être elle n'a pas réussi à lever des fonds ou à se développer comme prévu.

UNE BOÎTE NE SE VEND PAS, ELLE S'ACHÈTE.

Comprendre ces chemins était essentiel. Chaque décision, chaque mouvement, pouvait influencer le futur de Qapa. Le jeu était clair : nous devions naviguer habilement entre ces scénarios, tout en restant concentrés sur notre croissance et en répondant aux réalités du marché. Ce n'était pas simplement une question de survie, il s'agissait aussi de tirer le meilleur parti de chaque opportunité, d'adapter notre stratégie aux circonstances, et de nous préparer à toutes les éventualités. Avec une telle conscience du jeu et une vision claire, nous pouvions avancer avec détermination.

Le Covid est arrivé comme un ouragan, balayant tout sur son passage et transformant le paysage professionnel de manière imprévisible. Dans ce tourbillon chaotique, alors que le monde entier se confinait, Qapa est resté debout, ses voiles tendues vers l'avenir malgré la tempête. Ce fut un moment décisif, un tournant dans notre histoire, où l'incertitude de l'époque a révélé notre force et notre préparation. Le jour où les restrictions sont entrées en vigueur, je me souviens des visages déterminés de nos collaborateurs, quittant nos bureaux avec leurs ordinateurs portables sous le bras. Ce qui aurait pu ressembler à une fuite précipitée était en réalité une transition parfaitement fluide vers le télétravail. Nous avons vidé le frigo, et pour le reste, c'était *business as usual*. Nos équipes, prêtes pour ce nouveau monde, ont continué à travailler avec la même efficacité et le même engagement. Nous avions anticipé la révolution numérique bien avant la crise. Nous étions déjà entièrement digitalisés, ce qui nous a permis de naviguer avec une agilité que peu pouvaient égaler. Tandis que nos concurrents, start-up ou géants du secteur, se débattaient avec des systèmes obsolètes, peinant à adapter leurs processus aux exigences du moment, nous étions presque les seuls dans le secteur de l'intérim à être véritablement prêts pour cette transition numérique.

Notre préparation nous a permis non seulement de survivre à cette tempête, mais aussi d'en sortir renforcés. La crise nous a offert une opportunité inattendue, et nous avons su la saisir. Alors que d'autres luttaient pour se réinventer, nous avons prospéré. Notre capacité à rester opérationnels et efficaces pendant cette période difficile nous a permis d'attirer de nouveaux clients, notamment dans des secteurs comme la logistique. La croissance de Qapa n'a pas seulement été maintenue ; elle a continué à progresser, même après la crise.

La question cruciale qui s'est alors posée est celle de la levée de fonds. Dans le secteur de l'intérim, les ratios entre le chiffre d'affaires des grandes entreprises et leur capitalisation boursière sont relativement faibles. En d'autres termes, il est difficile pour une entreprise de ce secteur de trouver des acheteurs prêts à payer une prime substantielle pour son capital, car les grands groupes sont souvent modérément évalués par rapport à leur chiffre d'affaires. Cela signifie que pour attirer des fonds ou être racheté, il faut être au bon moment, avec des métriques impeccables, et une entreprise qui tient ses engagements et dépasse les attentes.

Ainsi, bien que notre performance durant la crise ait renforcé notre position et ouvert des perspectives intéressantes, nous savions que le chemin vers la levée de fonds ou la vente nécessitait une préparation méticuleuse. Il fallait que nous soyons prêts, avec des indicateurs financiers solides, une transparence totale sur notre santé financière, et une stratégie claire pour convaincre les investisseurs ou acheteurs potentiels. Ce contexte précis ajoutait une couche de complexité à nos décisions futures, mais aussi une opportunité de démontrer notre résilience et notre capacité à transformer les défis en atouts. Nous étions vraiment concentrés sur la continuité de la croissance, saine, éthique, en continuant de travailler. La période de croissance pendant et après la pandémie était un signe clair : Qapa était en bonne santé. Nous étions rentables, un exploit rare dans un secteur où peu de concurrents digitaux pouvaient se vanter d'un tel succès.

À la sortie de la pandémie, j'ai eu le pressentiment que le marché de l'intérim digital était sur le point de bouger. En effet, sur quelques semaines, les appels ont commencé à affluer, provenant d'investisseurs américains et de banquiers d'affaires intrigués par notre entreprise. Ils appelaient pour prendre la température. Quelque chose se passait. J'ai activé mes antennes et j'ai appris qu'un de nos concurrents essayait de se faire racheter. Nos rivaux se préparaient à vendre. Nous avions un atout majeur : nous étions rentables dans un marché en pleine mutation. Alors que la tempête du Covid avait secoué les fondations de nombreux secteurs, l'intérim digital se trouvait à un tournant décisif. Ce marché, en pleine transformation, ne laisserait la place qu'à un acteur majeur parmi les start-up numériques, qui serait acquis par un des leaders mondiaux. Les autres se retrouveraient, pour la plupart, en difficulté.

Les grandes entreprises, qui jusque-là n'étaient pas très avancées en matière de digitalisation, avaient pris la mesure de l'urgence de la situation. Elles comprenaient qu'il leur fallait accélérer leur transformation numérique pour garder leurs clients, en attirer de nouveaux et préserver, voire augmenter, leur capitalisation boursière. L'enjeu était colossal et se résumait à une course contre la montre. La digitalisation devenait une priorité stratégique, et nous étions en parfaite adéquation avec cette dynamique. Concrètement, ce changement de paradigme avait des répercussions notables. Nous étions en excellente santé financière, ayant atteint une rentabilité enviable à laquelle nos concurrents ne pouvaient pas prétendre. Cette rentabilité n'était pas simplement un chiffre ; elle témoignait de notre capacité à croître tout en restant rentables. Nous étions capables d'attirer des clients sans pour autant investir des sommes colossales dans le marketing, grâce à des processus hautement digitalisés et efficaces. Nos revenus étaient la preuve que notre modèle était non seulement viable, mais aussi performant.

Cette opportunité en vue, il était impératif de naviguer avec prudence et stratégie. Le moment était venu de considérer nos options sérieusement. En tant que fondateur, savoir quand saisir une opportunité est crucial pour maximiser le potentiel de succès. Nous avons donc décidé de faire appel à un banquier d'affaires, un partenaire stratégique qui jouerait un rôle déterminant dans cette aventure complexe. Au début, j'étais préoccupée par les frais associés à ses services, mais nous avons réussi à négocier un accord basé sur le succès de la vente, ce qui a permis de réduire le risque financier. Thomas Defaye, le banquier d'affaires que nous avons choisi, était exceptionnel : un expert brillant et passionné par son travail qui s'est renseigné sur le secteur. Sa compétence et son enthousiasme étaient palpables. Il a pris en charge la recherche d'acheteurs avec une détermination sans faille, mettant tout en œuvre pour maximiser nos chances de succès dans ce marché en effervescence. Sa présence était un atout inestimable, et il s'est rapidement révélé un acteur clé dans la mise en place de notre stratégie de sortie.

EN TANT QUE FONDATEUR, SAVOIR QUAND SAISIR UNE OPPORTUNITÉ EST CRUCIAL POUR MAXIMISER LE POTENTIEL DE SUCCÈS.

Puis le processus de discussion a commencé. Pour optimiser nos chances de succès, nous avons adopté une approche bien pensée et stratégiquement équilibrée. Rappelez-vous : j'avais, fin 2018, recruté Laurent Delaporte comme co-CEO pour nous aider à scaler Qapa. Une fois encore nous nous sommes réparti les tâches. Laurent a pris en charge la communication avec les parties externes, la gestion des négociations, et l'ensemble du processus de vente. Sa mission était claire : répondre aux questions des potentiels acheteurs, mener les négociations, et orchestrer la transaction.

Pendant ce temps, je me suis concentrée sur la gestion interne de l'entreprise. Mon rôle était de maintenir la cohésion de l'équipe, de veiller à la satisfaction continue de nos clients existants, et de continuer à en attirer de nouveaux. J'avais la responsabilité de garantir que les opérations quotidiennes se déroulaient sans accroc. Cette division des tâches était non seulement fonctionnelle, mais aussi très satisfaisante. Elle nous a permis de rester focalisés sur nos objectifs respectifs tout en assurant le bon fonctionnement de l'entreprise.

La collaboration entre Laurent Delaporte, notre banquier d'affaires Thomas Defaye, nos avocats, Nicolas Urban et Samira Friggeri, Olivier Zier, mon cofondateur et moi-même a été particulièrement fluide. Nous avions mis en place un système de réunions quotidiennes entre Laurent et moi pour nous assurer que nous étions toujours sur la même longueur d'onde. Ces échanges constants nous ont permis de synchroniser nos efforts, de suivre l'évolution du processus de vente en temps réel, et de nous adapter rapidement aux nouvelles informations. Ils ont joué un rôle crucial dans la réussite de notre stratégie de sortie. Chaque jour, alors que les lumières de Paris commençaient à scintiller, Laurent me raccompagnait jusque chez moi en voiture, où nos conversations se poursuivaient. Notre trajet quotidien nous emmenait du 105 rue Réaumur, notre siège, jusqu'à la place de la Concorde, un lieu emblématique. En raison des embouteillages parisiens, ce voyage pouvait facilement prendre trois quarts d'heure. Parfois, la circulation était si dense que nous nous retrouvions coincés pendant près de deux heures.

Nos soirées étaient rythmées par ces trajets. La place de la Concorde, illuminée et animée, était devenue notre salle de réunion improvisée. Ces sessions étaient bien plus que de simples échanges professionnels ; elles étaient des moments précieux où nous pouvions partager notre vision, nos stratégies, et nos attentes. Ces discussions nocturnes ont été cruciales. Je lui expliquais ce qui se passait dans l'entreprise, je lui demandais ses conseils. Inversement, il me disait : « Tiens Stéphanie, ce n'est pas si simple... On aurait peut-être dû faire ça... » Elles étaient également l'occasion de renforcer notre complicité professionnelle, alors que nous nous préparions à affronter de grands défis. La danse des négociations a été menée avec soin et détermination. Laurent, avec son expérience et son calme, a joué un rôle crucial dans la gestion des discussions et des offres. Pendant ce temps, je continuais à piloter l'entreprise au quotidien, à veiller à ce que nos clients soient satisfaits et que notre croissance se poursuive sans accroc.

LA DANSE DES NÉGOCIATIONS A ÉTÉ MENÉE AVEC SOIN ET DÉTERMINATION.

Quand le moment est venu de considérer la vente de Qapa, j'étais à la fois euphorique et nerveuse. Les fonds d'investissement avaient fait leur travail, nous avions construit quelque chose de grand. Le moment de vérité était arrivé. J'évoluais dans un tourbillon de meetings, de négociations et d'évaluations. L'adrénaline était à son comble. La tension était palpable. Les investisseurs voulaient s'assurer que la transaction allait se faire dans les meilleures conditions possibles, et Laurent, Olivier et moi étions à la barre, naviguant à travers cet océan tumultueux.

Je me rappelle ce moment où nous avons reçu l'offre d'acquisition comme une explosion de feu d'artifice, un instant suspendu où le

**MON OBSESSION
POUR LE TRAVAIL
PEUT ÊTRE ÉPUISANTE
POUR MES PROCHES.**

travail acharné, les nuits blanches et les sacrifices pendant plus de 10 ans ont pris leur sens. Voir les chiffres sur le papier, sentir l'adrénaline monter, c'était comme le sommet d'une montagne que l'on avait gravi. La satisfaction d'avoir transformé une petite idée en une entreprise florissante, reconnue et finalement valorisée, était inégalable.

Le processus de vente a été une épreuve de force, mais aussi une célébration de ce que nous avions accompli. Le moment où nous avons finalisé la transaction a été accompagné de soulagement, de joie, et d'une immense fierté. C'était le point culminant d'une aventure incroyable, le kif total ! Ce n'était pas seulement la fin d'un chapitre, mais le début d'une nouvelle ère pour Qapa, chaque étape de cette aventure reste gravée dans ma mémoire comme une épopée pleine de défis et de triomphes, une histoire de passion, de détermination et d'innovation qui a transformé un rêve en réalité.

La vente de Qapa à Adecco est le couronnement de notre aventure. Toutes les parties prenantes – Adecco, les investisseurs de Qapa, Laurent, Olivier et moi –, ont signé le contrat de vente jusqu'à 4 heures du matin. Je n'oublierai jamais cette nuit-là. En repensant à notre parcours, je ressens une immense fierté et je remercie à nouveau Philippe Collombel, François Tison, Dominique Vidal, Olivier Zier, mes investisseurs, Philippe Neto, Matthieu Guinard, Jacques Froissant, Alexis de Belloy, mes business angels, les collaborateurs Qapa qui ont travaillé dans l'entreprise pendant toutes ces années, nos intérimaires, nos clients, nos partenaires.

Pour moi, cette vente n'était pas seulement un aboutissement, mais aussi la confirmation éclatante que nous avions construit quelque chose de remarquable. C'était le reflet de notre travail acharné, de nos sacrifices et de nos nuits blanches, ainsi que de l'engagement indéfectible de nos équipes. Le fait qu'un géant comme Adecco voyait en Qapa une valeur digne d'intérêt était non seulement une validation de notre vision, mais aussi une source d'une fierté incroyable pour tout ce que nous avions accompli ensemble.

La vente de Qapa à Adecco est aussi le reflet profond de ma lutte personnelle contre une peur omniprésente, qui façonne chaque aspect de ma vie, la peur de la mort, cette présence constante qui me pousse à explorer chaque jour avec une intensité presque obsessionnelle. Chaque stratégie mise en œuvre, chaque objectif atteint est pour moi une manière de défier le temps qui passe, de faire en sorte que chaque minute compte et de laisser une empreinte indélébile. La réussite de la vente n'est pas simplement une validation de mon travail, mais aussi une victoire personnelle sur cette peur constante. Le travail est mon terrain de jeu, mon espace de liberté, où je trouve mon adrénaline, ma satisfaction, et parfois même mon sens de l'existence.

Mon obsession pour le travail peut être épuisante pour mes proches. Ils me rappellent souvent que la vie est courte et qu'il faut peut-être que je ralentisse, que je prenne le temps de profiter des petites choses. Mais ils comprennent également que cette intensité est ma façon de vivre, ma source d'épanouissement. Ils savent que, pour moi, le travail est une véritable source de vie. Ainsi, le rachat de Qapa est le témoignage de ma détermination à vivre intensément, à défier mes propres limites, malgré la présence constante de cette peur profonde de la mort. C'est dans cette fusion entre mon travail et ma vie personnelle que je trouve ma véritable essence, et c'est là que réside la grandeur de ce moment de réussite.

FICHE PRATIQUE 6

INNOVER SANS PEUR :
10 LEÇONS POUR TRANSFORMER L'AUDACE EN SUCCÈS

❶ Prends des risques calculés

Le plus grand acte de courage est de faire le saut vers l'inconnu. Mais ce saut doit être réfléchi. Analyse les données, évalue les conséquences potentielles et prépare des plans de secours avant de prendre une décision audacieuse.

❷ Transforme la peur en moteur d'action

La peur est naturelle, surtout face à l'inconnu. Apprends à la transformer en un levier qui te pousse à l'action. Plus tu te confrontes à tes peurs, plus elles se transforment en confiance. Identifie-les pour mieux les surmonter.

❸ Écoute ton instinct entrepreneurial

Ton instinct est souvent le reflet de ton expérience accumulée. Lorsque tu hésites entre deux chemins, prends le temps d'écouter cette voix intérieure.

❹ Mesure le pouvoir de l'introspection

Prendre du recul sur chaque action est essentiel. Après une décision importante, fais une pause et réfléchis à ce qui a bien fonctionné et à ce qui aurait pu être amélioré. Cela te permettra de progresser et de mieux aborder les situations futures.

❺ Accepte tes limites et apprends à t'entourer

Déléguer est une clé essentielle pour réussir. On ne peut pas tout faire soi-même. Construire une équipe compétente, à qui tu peux faire confiance, te permettra de mieux gérer les défis et de te concentrer sur la vision à long terme de ton entreprise.

❻ Sois prêt à pivoter si nécessaire

L'innovation nécessite de l'adaptabilité. Si ta stratégie actuelle ne fonctionne pas, n'aie pas peur de la changer. Le pivot est souvent ma clé du succès. Prends le temps d'évaluer régulièrement la pertinence de ta stratégie par rapport aux retours de tes clients et aux tendances du marché.

❼ Adopte la patience comme force stratégique

L'impatience peut te pousser à prendre des décisions hâtives. Savoir attendre le bon moment, pour embaucher une personne clé ou pour lancer un nouveau projet, est crucial. La stratégie gagnante se joue souvent sur le long terme.

❽ Reste aligné avec ta vision

Il est facile de se laisser emporter par les urgences du quotidien, mais il est essentiel de rester fidèle à la mission initiale de ton entreprise. Rappelle-toi régulièrement pourquoi tu as lancé ce projet et continue d'ajuster tes actions à cette vision.

❾ S'entourer de mentors et de soutien

Un soutien extérieur peut valider tes décisions et te guider en cas de doute. Trouver des personnes qui comprennent ta vision est crucial.

❿ Se rappeler que l'échec fait partie du processus

Le risque d'échouer est toujours présent, Cependant, chaque échec est une leçon et une étape vers la réussite. À la fin de chaque projet, fais un bilan des leçons apprises et réinterprète chaque échec comme un apprentissage.

EXERCICES

1. Évaluer les risques et les opportunités : Fais une liste des 5 plus grands risques auxquels ton entreprise pourrait être confrontée cette année. Note les opportunités potentielles qui découleraient de chaque risque.

1. ....

....

2. ....

....

3. ....

....

4. ....

....

5. ....

....

Action immédiate : Choisis l'un de ces risques et développe un plan d'action pour le gérer tout en maximisant les opportunités.

....

....

....

....

....

....

....

....

....

....

....

....

2. Renforcer l'endurance mentale : Planifie un moment dans la semaine pour te déconnecter complètement du travail (par exemple, une demi-journée sans téléphone ni ordinateur). Utilise ce moment pour réfléchir aux défis et aux solutions potentielles sans distraction.

....

....

....

....

....

Action immédiate : Prends des notes sur les idées ou les solutions qui te viennent pendant ce temps de réflexion.

....

....

....

....

....

....

....

....

3. Tester une approche de prototypage rapide : Choisis un projet ou une idée qui te tient à cœur et crée un prototype basique en une journée. L'objectif est de voir comment l'idée se matérialise sans attendre la perfection.

....

....

....

....

....

....

....

....

Action immédiate : Partage ce prototype avec ton équipe ou des clients pour recueillir des premiers retours.

4. Faire un bilan de la vision à long terme : Écris un résumé de la vision à long terme de ton entreprise, y compris où tu aimerais qu'elle soit dans cinq ans. Identifie les étapes nécessaires pour y arriver et les obstacles potentiels.

....

....

....

....

....

....

....

....

....

Action immédiate : Partage cette vision avec ton équipe pour recueillir leur feed-back et les intégrer davantage à la stratégie.

CHAPITRE 7

ÉQUILIBRE MENTAL ET BIEN-ÊTRE DE L'ENTREPRENEUR

Au début de mon parcours d'entrepreneuse, je pensais naïvement que le succès se mesurait uniquement par les résultats : les chiffres, les contrats signés, les deals conclus. Chaque victoire, chaque nouvelle étape franchie était une confirmation que j'allais dans la bonne direction. Je me nourrissais de ce sentiment. Ce que je n'avais pas encore compris à ce moment-là, c'est que cette quête de la performance à tout prix avait un coût que l'on ne remarque pas immédiatement, parce qu'il est insidieux, progressif. Ce coût, c'était ma santé mentale. Je ne m'en suis rendu compte qu'après plusieurs années, lorsque les signaux étaient déjà bien installés.

Dans notre culture, on glorifie le travail acharné, le dépassement de soi. On parle souvent des entrepreneurs comme de « machines à succès », d'individus capables de travailler sans relâche, jour et nuit, pour atteindre leurs objectifs. Mais ce que l'on ne dit pas, ou que l'on aborde trop peu, c'est l'impact que cela a sur l'esprit et sur le corps. On a beau avoir l'impression d'être invincible, cette machine, aussi performante soit-elle, finit par se gripper si on ne la ménage pas. Or un entrepreneur n'est pas une machine. Il est humain, avec ses limites, ses fragilités, et il est essentiel de le reconnaître avant que les dégâts ne deviennent irréversibles.

L'épuisement mental et professionnel ne se manifeste pas du jour au lendemain. Il s'installe progressivement, presque imperceptiblement. Au début, ce sont de petites choses : une légère fatigue, des insomnies occasionnelles, une baisse de concentration. On les met sur le compte du stress, de la pression. Rien de grave, pense-t-on. Petit à petit, les symptômes s'aggravent. On commence à perdre patience plus facilement, on devient irritable, on n'arrive plus à se concentrer. Pourtant, on continue, persuadé que c'est simplement un mauvais moment à passer, que ça ira mieux après le prochain deal, après la prochaine étape. Mais au contraire, les problèmes s'accumulent, et avec eux, la fatigue. C'est là que l'on commence à comprendre, parfois trop tard, que quelque chose ne va pas.

MA FATIGUE N'ÉTAIT PAS PASSAGÈRE, ELLE ÉTAIT LE RÉSULTAT DE MOIS, VOIRE D'ANNÉES, DE NÉGLIGENCE DE MA PROPRE SANTÉ MENTALE.

Je me souviens, lorsque je dirigeais Qapa, d'une période où je me levais chaque matin avec une boule au ventre, le sentiment de devoir affronter une journée où tout me semblait de plus en plus difficile. Chaque décision était un poids, chaque rencontre, une source de stress. J'avais perdu le plaisir que j'éprouvais au début, le feu qui m'animait s'était éteint. Je ne voyais plus que les problèmes, les obstacles à surmonter. Le pire dans tout cela, c'était que je me sentais coupable de ce ressenti, coupable de ne plus avoir l'énergie d'autrefois, de ne plus être capable de tout porter sur mes épaules. Cette culpabilité est un piège dans lequel beaucoup d'entrepreneurs tombent.

J'ai alors compris qu'il était nécessaire que je prenne du recul. Cela n'a pas été facile car cela m'obligeait à accepter mes limites. J'ai dû apprendre, petit à petit, à écouter mon corps, à reconnaître les signes avant-coureurs de l'épuisement. Ma fatigue n'était pas passagère, elle était le résultat de mois, voire d'années, de négligence de ma propre santé mentale. Il est facile de tomber dans le piège du surmenage, surtout quand on est à la tête d'une entreprise. Il y a

PRENDRE SOIN DE
SON ESPRIT EST
AUSSI IMPORTANT
QUE PRENDRE SOIN
DE SON CORPS.

toujours quelque chose à faire, toujours un problème à régler, une décision à prendre. On a l'impression que si l'on s'arrête, même un court instant, tout s'effondrera. Pourtant, c'est le contraire qui se produit. Ne pas s'arrêter, ne pas prendre le temps de se reposer, c'est la meilleure façon de tout faire s'effondrer parce que lorsque l'on est épuisé, on finit par prendre de mauvaises décisions, on devient moins créatif, moins capable de faire face aux imprévus. Notre esprit, pourtant notre outil le plus précieux en tant qu'entrepreneur, perd en clarté et cela se répercute inévitablement sur l'entreprise.

J'ai alors commencé à comprendre l'importance du repos. J'ai appris, parfois à mes dépens, que prendre soin de son esprit est aussi important que prendre soin de son corps. Pourtant, dans notre société, le bien-être mental est encore trop souvent considéré comme secondaire. On valorise le fait de travailler dur, de se sacrifier pour réussir. Le prix à payer est souvent trop élevé. J'ai vu des entrepreneurs s'effondrer, non pas parce que leur projet n'était pas viable, mais parce qu'ils avaient ignoré les signaux de leur propre corps et de leur propre esprit. Prendre soin de soi, c'est aussi accepter que l'on ne peut pas tout contrôler, qu'il faut déléguer, se concentrer sur l'essentiel, et préserver son énergie pour les décisions stratégiques. Un bon leader n'est pas celui qui fait tout lui-même, mais celui qui sait s'entourer des bonnes personnes et leur faire confiance pour mener à bien les missions qui leur sont confiées.

NE PAS S'ARRÊTER, NE PAS PRENDRE LE TEMPS DE SE REPOSER, C'EST LA MEILLEURE FAÇON DE TOUT FAIRE S'EFFONDRER.

J'ai aussi découvert l'importance de ménager du temps pour soi en pratiquant des activités qui me permettaient de me vider l'esprit : sport, méditation, ou simplement passer du temps avec mes proches. Ces moments sont devenus sacrés. Ils me permettent de recharger mes batteries, de retrouver de l'énergie, et de prendre du recul par rapport à mon travail.

L'entrepreneuriat est une course de fond, pas un sprint, il faut apprendre à gérer son énergie sur le long terme, sinon on risque de s'épuiser avant d'avoir atteint ses objectifs. Prendre soin de son bien-être mental, c'est investir dans sa capacité à durer, à rester performant sur le long terme. Cela demande de la discipline, paradoxalement, car il est souvent plus facile de se laisser emporter par le rythme effréné du travail que de s'imposer des pauses.

Aujourd'hui, je suis consciente de l'importance du bien-être mental dans mon parcours d'entrepreneuse. Cette prise de conscience m'a permis d'être plus performante, plus créative, et surtout plus épanouie dans mon travail. Je me sens plus alignée avec mes objectifs, capable de prendre des décisions avec clarté et sérénité. Prendre soin de soi est une nécessité pour toute personne qui veut réussir à long terme. Si l'entrepreneuriat est une aventure exigeante, il ne doit pas se faire au détriment de notre bien-être. Écouter son corps, reconnaître ses limites, s'accorder du temps pour se ressourcer sont des compétences essentielles pour durer et mener son entreprise vers le succès.

L'ENTREPRENEURIAT EST UNE COURSE DE FOND, PAS UN SPRINT.

FICHE PRATIQUE 7

5 IDÉES POUR TE PROTÉGER

❶ Reconnais les signes d'épuisement

Prends conscience des premiers signes d'épuisement mental comme la perte d'énergie ou le manque de concentration et agis avant qu'ils ne s'aggravent.

❷ Délègue pour mieux répartir la charge

Apprends à déléguer certaines responsabilités à ton équipe pour alléger ta charge mentale et te concentrer sur les décisions stratégiques.

❸ Prends des pauses régulières

Planifie des moments de repos pour éviter le surmenage et retrouver ton énergie. Une pause bien placée peut prévenir l'épuisement.

❹ Entretiens un réseau de soutien

Entoure-toi de personnes qui comprennent les défis que tu traverses et avec qui tu peux partager tes expériences sans jugement.

❺ Pratique une activité physique régulière

L'exercice physique aide à relâcher la pression et à maintenir un équilibre entre le corps et l'esprit, favorisant ainsi une meilleure gestion du stress.

EXERCICES

1. Identifier les signes d'épuisement : Note 3 signes d'alerte que tu as déjà ressentis. Pour chaque signe, réfléchis à une action que tu pourrais entreprendre pour y remédier.

1. ....

....

....

2. ....

....

....

3. ....

....

....

Action immédiate : Mets en place une alarme ou un rappel quotidien pour vérifier tes niveaux d'énergie et noter comment tu te sens mentalement et physiquement.

2. Planifier un moment de délégation : Choisis 3 tâches que tu pourrais confier à ton équipe dès maintenant et liste les avantages que cela apporterait à ton organisation et à toi-même.

1. ....

....

....

2. ....

....

....

3. ....

....

....

Action immédiate : Définis un plan concret pour former la personne qui prendra en charge chaque tâche et commence la délégation cette semaine.

....

....

....

....

....

....

....

3. Lister ses priorités : Fais une liste des 3 priorités les plus importantes pour toi en ce moment (professionnelles et personnelles). Vois si ton emploi du temps actuel reflète ces priorités.

1. ....
2. ....
3. ....

Action immédiate : Réorganise ton emploi du temps de la semaine prochaine pour te concentrer davantage sur ces priorités.

4. Créer son programme de repos : Organise tes prochaines vacances ou une journée sans travail dans le mois à venir. Respecte cette pause comme une réunion cruciale.

Action immédiate : Bloque cette journée sur ton calendrier et informe ton équipe de cette pause pour éviter toute interruption.

5. Éviter l'épuisement par l'exercice : Choisis une activité physique que tu peux intégrer dans ta routine hebdomadaire, dans un lieu proche de chez toi ou du bureau, et avec des horaires pratiques.

Action immédiate : Commence par planifier au moins deux séances d'activité physique cette semaine, et note tes ressentis.

....

....

....

....

....

....

....

6. Pratiquer la pleine conscience : Intègre une pratique de méditation ou de respiration consciente de 5 à 10 minutes dans ta routine quotidienne. Observe comme cela impacte ton niveau de stress et ta capacité de concentration.

Action immédiate : Télécharge une application de méditation et commence une séance courte dès ce soir.

7. Pratiquer la gratitude : Chaque soir, note 3 choses positives qui se sont produites dans ta journée, même si elles sont petites. Cela aide à recentrer ton esprit sur le positif et à réduire la pression quotidienne.

1. ....

2. ....

3. ....

Action immédiate : Achète un joli carnet, et commence dès ce soir ton journal de gratitude.

CHAPITRE 8

QUI VEUT ÊTRE MON ASSOCIÉ ? LEÇONS DE VIE ET D'ENTREPRENEURIAT

Être investisseuse dans l'émission *Qui veut être mon associé ?* a été une expérience aussi passionnante qu'enrichissante pour moi, qui ai longtemps été à la place des entrepreneurs cherchant à convaincre des investisseurs : cette opportunité représentait un renversement des rôles très intéressant. Passer de l'autre côté de la table m'a offert une nouvelle perspective sur ce qui fait le succès d'une start-up, au-delà des idées et du produit. J'ai pu découvrir l'envers du décor et comprendre de façon plus fine ce qui fait le succès ou l'échec d'une start-up. En observant ces entrepreneurs, en écoutant leurs présentations, leurs hésitations, et en analysant leurs projets, j'ai pu affiner ma propre vision de l'entrepreneuriat. Beaucoup d'entrepreneurs débutants se concentrent trop sur leur produit et pas assez sur les autres aspects essentiels à la réussite d'une start-up. L'idée ne suffit pas. Ce qui fait la différence, c'est l'exécution. Une idée mal exécutée, même brillante, est vouée à l'échec. En revanche, une idée moyenne, si elle est bien exécutée, peut se transformer en succès. Cela m'a appris que le produit, l'équipe, la capacité à lever des fonds, et surtout la faculté à s'adapter

> **“ NE PAS S'ARRÊTER, NE PAS PRENDRE LE TEMPS DE SE REPOSER, C'EST LA MEILLEURE FAÇON DE TOUT FAIRE S'EFFONDRER.**

UNE IDÉE MAL EXÉCUTÉE, MÊME BRILLANTE, EST VOUÉE À L'ÉCHEC.

sont les éléments qui déterminent si une start-up prospère ou non.

À travers ce chapitre, je souhaite non seulement partager cette expérience unique, mais aussi offrir aux futurs entrepreneurs des conseils pratiques pour réussir chaque étape de la création d'une entreprise, de l'idée initiale à la levée de fonds. Que vous soyez au début de votre aventure ou à un moment charnière où vous cherchez à lever des fonds, il est crucial d'adopter les bonnes pratiques dès le départ.

SAISIR LES OPPORTUNITÉS

Le premier enseignement que j'ai tiré de l'entrepreneuriat, c'est qu'il faut être prêt à saisir les opportunités dès qu'elles se présentent. Trop d'entrepreneurs hésitent, doutent ou attendent que toutes les conditions soient réunies pour se lancer. En réalité, les conditions idéales n'existent jamais. Si vous attendez que tout soit parfait, il est probable que vous ne commenciez jamais. L'entrepreneuriat, c'est avant tout savoir prendre des risques calculés et se jeter à l'eau.

Lors de ma première journée de tournage pour *Qui veut être mon associé ?*, j'ai ressenti l'excitation familière de l'inconnu, du défi et de l'opportunité à saisir. Sur le plateau, tout se joue très rapidement. Chaque entrepreneur a un temps limité pour convaincre. C'est une épreuve intense. Les décisions doivent être prises en temps réel, sans possibilité de retour en arrière. Les jurés, dont je faisais partie, ne connaissent pas les start-up à l'avance, ce qui rend l'exercice plus authentique et intense. Les entrepreneurs qui se présentent n'ont que quelques minutes pour convaincre. La pression est énorme, et c'est souvent cette capacité à saisir leur moment qui fait la différence entre ceux qui réussissent et ceux qui échouent.

DANS LA VIE D'UN ENTREPRENEUR, LA CAPACITÉ À SAISIR LES OPPORTUNITÉS EST ESSENTIELLE.

Cette expérience est une belle métaphore de l'entrepreneuriat en général. Dans la vie d'un entrepreneur, la capacité à saisir les opportunités est essentielle. Trop nombreux sont ceux qui attendent d'avoir une idée parfaite avant de se lancer, mais la vérité est que l'idée évolue toujours en chemin. Ce qui compte, c'est de commencer, de tester, d'itérer. Vous ne saurez jamais si votre idée est bonne tant que vous ne l'aurez pas confrontée à la réalité du marché. Il vaut mieux une mauvaise idée exécutée que la meilleure idée jamais mise en pratique.

Cela me rappelle un moment crucial que j'ai vécu avec Qapa. J'avais imaginé cette entreprise comme un simple *jobboard*, mais il est vite devenu évident que le marché du recrutement nécessitait plus. Nous avons donc décidé de pivoter vers une solution de travail temporaire digitalisée. C'était risqué, mais le tournant a été décisif. Si nous n'avions pas osé saisir cette opportunité, Qapa n'aurait jamais connu le succès qu'il a rencontré. Savoir saisir l'opportunité et agir rapidement est ce qui distingue les entrepreneurs qui réussissent.

TROUVER UNE IDÉE DE START-UP

Trouver l'idée de start-up est souvent perçu comme le plus grand obstacle. Beaucoup se disent qu'il faut avoir une idée révolutionnaire, un concept inédit pour réussir. Mais la réalité est souvent plus simple. Il ne s'agit pas toujours de réinventer la roue : la plupart des entreprises à succès se concentrent sur l'amélioration de quelque chose qui existe, ou sur la résolution d'un problème que personne n'avait encore vraiment pris au sérieux. Amazon n'a pas inventé le commerce, Uber n'a pas inventé les taxis, Airbnb n'a pas inventé l'hébergement – ces entreprises ont trouvé une meilleure manière de faire quelque chose que les gens faisaient déjà.

3 conseils pour trouver une idée de start-up

1. Identifier ses frustrations personnelles : La plupart des entrepreneurs que j'ai rencontrés ont commencé par chercher à résoudre un problème qu'ils ont rencontré. Que ce soit dans leur vie professionnelle ou personnelle, ils ont observé un manque ou une frustration, et ont décidé d'y apporter une solution. Par exemple, si vous êtes frustré par la complexité d'un processus, cela peut être une piste pour une idée d'amélioration. Ce qui vous frustre personnellement est souvent un bon point de départ, car il y a de grandes chances que d'autres personnes partagent cette frustration.

Prenons l'exemple de Qapa. Je ne me suis pas réveillée un matin avec une idée brillante pour révolutionner le marché de l'emploi. Ce sont les obstacles que j'ai rencontrés, les frustrations liées à la recherche d'emploi et au recrutement qui m'ont inspirée. En cherchant à résoudre mes propres frustrations, j'ai découvert un vide dans le marché, une inefficacité dans les processus existants, et c'est là que l'idée de Qapa a pris forme.

2. Étudier son environnement : Une idée ne naît pas dans l'isolement. Observez les tendances, les changements dans les comportements des consommateurs, les innovations technologiques. Souvent, les meilleures idées viennent d'une observation fine de ce qui se passe autour de vous. Dans *Qui veut être mon associé ?*, certaines des meilleures idées présentées étaient des solutions simples, mais en phase avec les besoins du marché. Il ne s'agit pas d'essayer de prédire le futur, mais plutôt de voir où le monde se dirige et comment vous pouvez y contribuer de manière significative.

Regardez ce qu'il se passe autour de vous, observez la manière dont les habitudes des consommateurs évoluent, vous y trouverez souvent une opportunité. L'innovation, c'est parfois simplement identifier ce qui peut être mieux fait. Même un produit ou service qui existe déjà peut devenir révolutionnaire si vous parvenez à l'améliorer de manière significative.

3. Tester son idée rapidement : Un des pièges les plus fréquents pour les entrepreneurs est de vouloir perfectionner leur produit avant de le lancer. C'est naturel : vous voulez que tout soit parfait avant de le montrer au monde. Mais perfectionner un produit dans l'abstrait est impossible. Mettez-le dans les mains de vos utilisateurs le plus tôt possible.

Le concept de *Minimum viable product* (MVP) est fondamental : il s'agit de créer une première version minimaliste de votre produit pour recueillir des retours rapidement. Votre MVP ne sera pas parfait, mais ce n'est pas grave. Ce qui importe, c'est de voir comment les gens réagissent, ce qu'ils aiment et ce qu'ils n'aiment pas. Les retours des utilisateurs sont la seule manière de savoir si votre idée tient la route. Il ne sert à rien de passer des mois, voire des années, à perfectionner un produit dont personne ne veut. Laissez le marché vous dire ce qui fonctionne.

CRÉER UN BUSINESS PLAN

Une fois que vous avez une idée en tête, la prochaine étape est de construire un plan solide pour la transformer en entreprise viable. Beaucoup d'entrepreneurs sous-estiment l'importance de la stratégie. Ils pensent que l'enthousiasme et la passion suffiront à faire décoller leur entreprise. La réalité est plus complexe : vous devez avoir une vision claire de la manière dont vous allez monétiser votre idée, de votre client cible, et de vos ressources. Le business plan est souvent perçu comme un exercice ennuyeux, voire bureaucratique. En réalité, c'est un outil indispensable qui vous oblige à structurer votre pensée et à clarifier votre modèle économique. Il est la feuille de route qui va guider toutes vos décisions.

3 conseils pour créer un business plan solide

1. Se donner le business plan comme feuille de route : Le business plan n'est pas seulement un document pour les investisseurs, c'est avant tout un outil pour vous-même. Il vous aide à structurer vos idées et à clarifier votre modèle économique. Posez-vous des questions fondamentales : Qui sont vos clients ? Comment allez-vous les atteindre ? Combien cela va-t-il coûter pour les acquérir ? Quels sont vos coûts fixes et variables ? Plus votre business plan est précis, plus vous avez de chances de réussir.

Un business plan bien structuré peut également vous aider à anticiper les défis à venir et à vous préparer aux imprévus. Il ne s'agit pas d'un simple exercice théorique, mais d'un véritable guide pour naviguer dans l'incertitude. Vous devez savoir comment vous allez monétiser votre idée, quelles seront vos sources de revenus, et comment vous allez gérer vos dépenses.

2. Définir des objectifs précis : Un bon business plan doit comporter des objectifs clairs et mesurables. Trop d'entrepreneurs se lancent avec des ambitions vagues du type « révolutionner un secteur » ou « devenir leader du marché ». Ces ambitions sont importantes, mais elles doivent être traduites en objectifs concrets. Un business plan doit définir des indicateurs mesurables comme le chiffre d'affaires, le nombre de clients, le taux de conversion ou la marge brute. Ces objectifs sont la boussole qui guidera vos décisions. Ils vous permettront de mesurer vos progrès et de réévaluer votre stratégie en fonction des résultats obtenus.

Par exemple, si vous visez un chiffre d'affaires de 500 000 euros la première année d'activité, il est crucial de décomposer cette somme en objectifs trimestriels. Cela vous permet de suivre de près votre progression et de réajuster votre stratégie au fur et à mesure. Les objectifs clairs vous aident à ne pas vous égarer dans des directions inutiles.

3. Prévoir différents scénarios : Lors de la création de votre business plan, il est essentiel de prévoir plusieurs scénarios, notamment des scénarios optimistes, pessimistes et réalistes. La préparation aux imprévus est une clé du succès. Qu'est-ce qui se passe si vos ventes ne décollent pas aussi vite que prévu ? Quels sont vos plans si votre produit rencontre des obstacles inattendus sur le marché ? Comment réagir si vous avez besoin de fonds supplémentaires plus tôt que prévu ? Anticiper les obstacles potentiels vous permettra d'être mieux préparé à les affronter lorsqu'ils se présenteront.

Un business plan bien pensé est un outil flexible. Le marché évolue constamment, tout comme votre entreprise, et votre business plan doit être un document vivant qui évolue avec votre croissance. Ce qui fonctionne aujourd'hui ne fonctionnera peut-être plus demain. Il est donc essentiel de mettre à jour votre business plan en fonction des nouveaux défis et opportunités que vous rencontrerez.

CONSTRUIRE UNE ÉQUIPE PERFORMANTE

Avoir une idée géniale ne suffit pas pour réussir. Vous aurez besoin de compétences diverses pour faire de votre start-up une entreprise florissante. La qualité de votre équipe est l'un des facteurs déterminants de votre succès. Beaucoup d'entrepreneurs commettent l'erreur de penser qu'ils peuvent tout faire seuls. En réalité, le succès entrepreneurial repose sur une équipe solide et complémentaire. Une idée, même brillante, ne vaut rien sans une exécution parfaite, et cette exécution dépend de l'équipe que vous formez.

Construire une équipe est probablement l'une des tâches les plus délicates, car il ne s'agit pas simplement de recruter des talents. Il s'agit de créer une synergie entre des individus qui apporteront chacun leur expertise unique, tout en partageant une vision commune.

4 conseils pour construire une équipe performante

1. Choisir des cofondateurs complémentaires : Dans *Qui veut être mon associé ?*, nous analysons la composition de l'équipe fondatrice. Il est essentiel d'avoir des profils complémentaires. Par exemple, un cofondateur avec un bagage technique solide peut être épaulé par un autre ayant des compétences en matière de marketing, de finance ou de vente. La diversité des compétences permet à l'équipe de s'adapter aux différents défis qui se présentent. Une équipe équilibrée est plus résistante aux crises, plus innovante dans ses solutions, et plus rapide dans ses décisions.

Prenons l'exemple de Volubile. Mon cofondateur, Julien Ros, est un expert technique avec un Doctorat en informatique, mon ancien directeur technique chez Qapa, et il est en charge des équipes R&D et Produit chez Volubile.ai tandis que je me concentre sur les aspects commerciaux et stratégiques. Cette complémentarité nous permet de nous concentrer sur ce que nous faisons de mieux, tout en nous appuyant sur les compétences de l'autre pour les aspects que nous maîtrisons moins. Une équipe complémentaire est essentielle pour assurer la croissance et la pérennité de l'entreprise.

2. Faire attention à la culture d'entreprise : Dès les premiers jours, pensez à la culture que vous souhaitez instaurer. La culture d'entreprise est plus qu'un slogan ou un ensemble de valeurs affichées sur un mur, c'est ce qui définit la manière dont votre équipe fonctionne au quotidien. Quels sont les valeurs et les principes qui guideront vos décisions ? Comment souhaitez-vous que vos collaborateurs interagissent ? Comment voulez-vous que votre entreprise soit perçue de l'extérieur ? Une bonne culture d'entreprise aide à attirer les talents, à fidéliser les employés et à créer une dynamique positive au sein de l'équipe. Cela devient crucial lorsque votre entreprise commence à croître rapidement et que vous devez vous assurer que tous les nouveaux arrivants adoptent les valeurs que vous avez définies.

La culture est également un facteur clé pour maintenir la motivation des équipes dans les moments difficiles. Lorsque les choses ne se passent pas comme prévu, c'est elle qui fait la différence entre une équipe qui s'effondre et une équipe qui se serre les coudes pour surmonter la tempête. Une culture forte et positive est un atout précieux qui ne doit jamais être négligé.

Chez Volubile, chaque collaborateur, peu importe son poste, est encouragé à proposer des idées pour améliorer les processus ou l'expérience client. Cela fait partie de l'ADN de l'entreprise et contribue à son développement. En créant votre culture d'entreprise, vous pouvez non seulement attirer, mais aussi retenir les meilleurs talents qui correspondent à votre entreprise.

3. Externaliser ou « internaliser » ? Dans les premières phases de développement, il peut être tentant de vouloir tout maîtriser en interne pour économiser des coûts ou garder le contrôle. Mais cela peut être contre-productif. Il est crucial de savoir quelles tâches vous devez « internaliser » et lesquelles externaliser. Externalisez les compétences non stratégiques pour garder votre équipe focalisée sur le cœur de votre activité. Par exemple, externaliser la comptabilité, le service clients ou encore certaines tâches administratives peut vous permettre de vous concentrer sur le développement du produit ou la stratégie de croissance.

Pour Volubile, nous avons rapidement pris la décision d'externaliser la comptabilité et le légal avec nos partenaires de longue date pour que notre équipe puisse se concentrer sur le développement technologique et commercial. Externaliser des tâches non essentielles peut être un moyen efficace d'allouer vos ressources aux points où elles sont réellement nécessaires.

4. Apprendre à déléguer : Une erreur fréquente chez les entrepreneurs est de vouloir tout faire eux-mêmes. Cette approche peut fonctionner au début, mais à mesure que votre entreprise grandit, il devient indispensable d'apprendre à déléguer. Déléguer, ce n'est pas abandonner le contrôle, c'est permettre à votre équipe de se concentrer sur les tâches où elle excelle, tout en libérant du temps pour vous concentrer sur la stratégie globale. Un bon leader sait identifier les forces de chaque membre de son équipe et lui confier des responsabilités adaptées.

LEVER DES FONDS

L'un des moments les plus stressants pour un entrepreneur est la levée de fonds. Mais ce processus, bien que difficile, est souvent un passage obligé pour croître. Dans *Qui veut être mon associé ?*, chaque start-up se présente avec l'ambition de lever des fonds, mais toutes ne réussissent pas. Pourquoi ? Parce que lever des fonds nécessite bien plus qu'un bon produit. Vous devez non seulement avoir une vision claire de votre projet, mais aussi être capable de la vendre aux investisseurs. Lever des fonds, c'est convaincre quelqu'un de croire en vous autant que vous croyez en votre entreprise.

4 conseils pour lever des fonds avec succès

1. Choisir le bon moment : Lever des fonds trop tôt peut être risqué. À ce stade, vous n'avez peut-être pas encore prouvé la viabilité de votre *business model*. Attendez d'avoir des preuves que votre produit fonctionne, que votre marché est réceptif et que vous avez besoin de fonds. En revanche, attendre trop longtemps peut aussi être un piège. Si vous êtes à court de liquidités, vous serez en position de faiblesse lors des négociations. Il est donc essentiel de trouver le bon équilibre. Ne levez pas des fonds parce que vous avez l'impression que vous le devez ; levez des fonds parce que vous savez exactement ce que vous allez en faire, comment les utiliser pour accélérer votre croissance, et que vous êtes prêt à passer à l'étape suivante.

2. Préparer un dossier béton : Dans l'émission, nous recevons un grand nombre d'informations en peu de temps. Les entrepreneurs qui réussissent à capter notre attention sont ceux qui sont capables de présenter un dossier clair et concis. Vous devez démontrer rapidement pourquoi votre start-up a du potentiel et comment vous utiliserez l'argent levé pour la faire grandir. Votre dossier doit être bien structuré, avec des projections financières claires, des objectifs précis, et un plan d'action détaillé. Ce qui est encore plus important, c'est votre capacité à expliquer votre vision et à inspirer confiance. Les investisseurs investissent autant dans une équipe que dans une idée. Vous devez montrer que vous êtes la personne capable de transformer cette idée en un succès.

3. Le pitch, une histoire avant tout : Votre pitch n'est pas seulement une présentation technique de votre produit. C'est une histoire. Vous devez emmener les investisseurs dans votre univers, les convaincre que vous êtes la personne capable de transformer cette idée en succès. Racontez pourquoi vous êtes passionné par ce projet, quels obstacles vous avez surmonté, et pourquoi c'est le bon moment pour investir. Un bon pitch est souvent plus émotionnel que technique. N'ayez pas peur de montrer votre personnalité et votre passion. Les investisseurs veulent savoir qu'ils misent sur une personne qui a la détermination et la résilience nécessaires pour mener son projet à bien, même dans les moments difficiles.

4. Être prêt pour les négociations : Une levée de fonds est avant tout une négociation. Il est essentiel d'être bien préparé à discuter des termes de l'investissement. Dans *Qui veut être mon associé ?*, nous voyons souvent des entrepreneurs surpris par les questions sur les parts de capital ou les clauses spécifiques. La préparation est la clé d'une négociation réussie. Vous devez savoir jusqu'où vous êtes prêt à aller et quels compromis vous êtes disposé à faire. Il est aussi important de bien connaître la valeur de votre entreprise avant d'entrer dans la salle de réunion, car sous-évaluer ou surévaluer votre start-up peut nuire à vos chances de succès.

Un autre point crucial dans les négociations est d'être à l'aise avec le concept de dilution. En levant des fonds, vous céderez inévitablement une partie de votre entreprise. Cela peut être difficile à accepter pour un entrepreneur, mais c'est une étape nécessaire pour passer à l'échelle supérieure. Soyez conscient que la valeur de vos parts augmente en fonction de la croissance de l'entreprise. Même si vous détenez une plus petite part après plusieurs levées, elle peut valoir bien plus qu'une plus grande part dans une petite entreprise stagnante. L'important est de comprendre l'équilibre entre dilution et capital nécessaire pour grandir.

Par ailleurs, ne négligez jamais l'importance de la relation avec vos investisseurs. Ils ne sont pas que des partenaires financiers, ils sont aussi des conseillers et parfois des mentors qui peuvent vous aider à prendre les décisions stratégiques. Choisissez-les avec soin, car ils auront une influence sur l'avenir de votre entreprise. Les bons investisseurs vous apporteront plus que de l'argent : ils vous offriront des perspectives, un réseau, et un soutien précieux.

GÉRER SON TEMPS

L'un des aspects souvent négligés par les entrepreneurs, surtout au début, est la gestion efficace du temps. Le temps est probablement la ressource la plus précieuse pour un entrepreneur. Vous ne pouvez pas en acheter, il est limité. La façon dont vous l'utilisez peut avoir un impact direct sur la croissance et le succès de votre entreprise. En tant qu'entrepreneur, vous devez jongler entre de nombreuses tâches, que ce soit le développement du produit, la gestion de la société, la recherche de financement ou les relations clients. C'est pourquoi il est crucial de savoir gérer votre temps de manière stratégique et de vous concentrer sur les tâches qui auront le plus fort impact.

La plupart des entrepreneurs, surtout ceux qui débutent, commettent l'erreur de s'investir dans des tâches opérationnelles, comme répondre à des e-mails ou s'occuper de l'administration quotidienne, au lieu de se concentrer sur les tâches stratégiques. Votre rôle doit être de définir la vision de l'entreprise, de prendre des décisions cruciales et de réfléchir à long terme. Si vous vous retrouvez à passer vos journées à éteindre des feux ou à gérer des détails, votre entreprise finira par en souffrir.

5 conseils pour gérer votre temps en tant qu'entrepreneur

1. Prioriser les tâches à haute valeur ajoutée : Toutes les tâches ne se valent pas. Apprenez à identifier celles qui auront un impact direct sur la croissance de votre entreprise et concentrez-vous dessus. Adoptez la règle des 80/20 (loi de Pareto) : 20 % des efforts génèrent 80 % des résultats. Cela signifie que vous devez consacrer votre énergie aux 20 % de tâches qui apporteront le plus de résultats.

2. Automatiser et déléguer les tâches répétitives : Si vous passez trop de temps sur des tâches administratives ou des processus répétitifs, il est peut-être temps de trouver des solutions pour les automatiser ou les déléguer. L'automatisation peut libérer du temps pour vous permettre de vous concentrer sur les aspects créatifs et stratégiques de votre entreprise. Par exemple, Volubile peut automatiser vos calls entrants de relation clients tandis que des solutions de facturation en ligne peuvent gérer les paiements.

3. Limiter les distractions : Dans un environnement entrepreneurial, il est facile d'être distrait par les e-mails, les notifications ou même les réunions inutiles. Soyez rigoureux sur le contrôle de votre temps. Fixez des plages horaires pour traiter les messages, évitez les réunions improductives et ménagez des moments où vous concentrer sur le travail de fond sans être dérangé.

4. Utiliser des outils de gestion du temps : Les entrepreneurs les plus productifs utilisent souvent des outils de gestion du temps comme Trello, Asana ou encore Notion pour organiser leurs tâches et leurs projets. Ils permettent de visualiser facilement ce qui doit être fait, de suivre les progrès, et de vous assurer que rien n'est oublié.

5. Prendre du temps pour vous reposer : Il peut sembler contre-intuitif de prendre des pauses lorsque vous avez une montagne de travail à accomplir, mais le repos est crucial pour éviter l'épuisement. Un entrepreneur épuisé n'est pas un entrepreneur efficace. Prendre soin de vous-même mentalement et physiquement vous permettra d'être plus productif sur le long terme.

FAIRE FACE AUX OBSTACLES

Être entrepreneur, c'est accepter qu'on rencontrera des obstacles. Ce qui différencie les entrepreneurs qui réussissent de ceux qui échouent, c'est souvent leur capacité à persévérer face à l'adversité. Le parcours entrepreneurial est rarement linéaire. Vous rencontrerez des hauts, des bas, des moments de doute. La clé est de ne jamais abandonner.

Dans *Qui veut être mon associé ?*, j'ai souvent vu des entrepreneurs arriver sur le plateau avec des projets qui n'étaient pas encore prêts ou qui avaient essuyé des échecs. Leur détermination à ne pas baisser les bras, à ajuster leur modèle, et à persévérer malgré les obstacles était impressionnante. C'est cette résilience qui les a aidés à avancer et à continuer à croire en leur projet. Persévérer ne signifie pas ignorer les signaux d'alerte ou foncer dans un mur sans réfléchir. Il s'agit plutôt d'accepter que l'échec fait partie du processus, d'en tirer des leçons et de continuer à avancer, peu importent les difficultés.

5 conseils pour cultiver la persévérance

1. Adopter une mentalité de croissance : Les entrepreneurs qui réussissent voient les échecs comme des opportunités d'apprentissage. Au lieu de se décourager face aux difficultés, ils se demandent : « Qu'est-ce que cela m'apprend ? » Chaque défi que vous rencontrez peut être une leçon qui vous aide à vous améliorer et à adapter votre approche.

2. S'entourer de soutien : Le parcours entrepreneurial peut être solitaire, surtout dans les moments difficiles. Avoir un réseau de soutien – que ce soit des mentors, des pairs ou des amis – peut faire toute la différence. Ces personnes vous encourageront, vous conseilleront, et vous aideront à garder le cap lorsque vous aurez envie de tout abandonner.

3. Visualiser son succès : Avoir une vision claire de ce que vous voulez accomplir peut vous aider à surmonter les moments de doute. Imaginez votre succès, visualisez les étapes que vous devez franchir pour y parvenir, et souvenez-vous pourquoi vous avez commencé cette aventure. Cela peut être un excellent moyen de rester motivé même dans les moments difficiles.

4. Être patient : La plupart des entrepreneurs sous-estiment le temps nécessaire pour construire une entreprise prospère. Le succès ne vient pas du jour au lendemain, il faut souvent des années de travail acharné, d'ajustements et de persévérance pour atteindre ses objectifs. Gardez en tête que chaque étape vous rapproche de votre but, même si les progrès semblent lents au départ.

5. Apprendre à pivoter sans abandonner : Il y aura des moments où vous vous direz que votre approche ne fonctionne pas, mais cela ne signifie pas que vous devez tout jeter. Savoir pivoter est une compétence clé pour un entrepreneur. Faire un bon pivot ne revient pas à abandonner sa vision, mais à adapter sa stratégie pour répondre aux exigences du marché ou aux nouvelles opportunités.

PERSÉVÉRANCE ET PASSION SONT LES MOTEURS DE L'ENTREPRENEURIAT !

Je le répète, l'entrepreneuriat est un marathon, pas un sprint. Ce n'est pas la rapidité avec laquelle vous atteignez vos objectifs qui compte, mais votre capacité à persévérer malgré les hauts et les bas. Vous rencontrerez des défis, des échecs et des moments de doute. Mais ce qui fait la différence entre ceux qui réussissent et ceux qui échouent, c'est la persévérance et la passion.

Dans *Qui veut être mon associé ?*, j'ai vu des entrepreneurs prêts à tout sacrifier pour réaliser leur vision. Ils étaient animés par une passion profonde pour leur projet, et c'est cette passion qui les a aidés à surmonter les moments les plus difficiles. Si vous êtes passionné par ce que vous faites, rien ne pourra vous arrêter.

FICHE PRATIQUE 8

MES 10 CONSEILS PRATIQUES ET ESSENTIELS POUR ENTREPRENEURS

❶ Saisis les opportunités dès qu'elles se présentent

Ne cherche pas à attendre que toutes les conditions soient parfaites avant de te lancer. Les conditions idéales n'existent pas. Si tu vois une opportunité, saisis-la sans hésiter. Le marché évolue vite et ceux qui réussissent sont souvent ceux qui ont su prendre des risques au bon moment.

❷ Apprends de tes frustrations personnelles

Tes expériences personnelles, notamment tes frustrations, peuvent être des sources d'inspiration pour trouver une idée de start-up. Les solutions aux problèmes que tu rencontres peuvent devenir des produits ou services dont d'autres auront également besoin. Cherche autour de toi ce qui pourrait être amélioré ou simplifié.

❸ Teste ton idée rapidement avec un MVP

Ne perds pas de temps à perfectionner ton produit avant de le lancer. Mets-le rapidement sur le marché sous la forme d'un MVP, recueille des retours, et ajuste-le en fonction des réactions des utilisateurs. Les retours du marché t'indiqueront les ajustements à faire pour améliorer ton produit.

❹ Construis une équipe complémentaire

Le succès d'une start-up repose en grande partie sur l'équipe. Trouve des cofondateurs et des collaborateurs avec des compétences complémentaires aux tiennes. Une équipe équilibrée, avec des profils variés, te permettra de mieux affronter les défis et de développer des solutions innovantes.

❺ Établis une culture d'entreprise forte

Dès le départ, définis les valeurs et les principes qui guideront ton équipe. Une culture d'entreprise forte aide à attirer les meilleurs talents et à les garder motivés, même dans les moments difficiles. Assure-toi que tout le monde partage cette vision.

❻ Apprends à déléguer et à externaliser

Tu ne peux pas tout faire seul. Délègue les tâches non essentielles à ton équipe et externalise certaines fonctions, comme la comptabilité ou le service clients. Cela te permettra de te concentrer sur les tâches à haute valeur ajoutée et d'accélérer la croissance de ton entreprise.

❼ Lève des fonds au bon moment

Ne lève pas des fonds trop tôt, mais ne tarde pas à le faire lorsque tu en as besoin. Sois prêt à présenter un dossier clair et convaincant aux investisseurs, avec des projections réalistes et une vision précise de la manière dont tu utiliseras ces fonds pour accélérer la croissance.

❽ Raconte une histoire avec ton pitch

Ton pitch n'est pas seulement une démonstration technique de ton produit. Les investisseurs misent sur une histoire et une vision. Sois authentique, raconte pourquoi ce projet est important pour toi, et comment tu surmontes les obstacles pour le mener à bien. Montre-leur qu'ils peuvent croire en toi autant qu'en ton produit.

❾ Gère efficacement ton temps

Le temps est ta ressource la plus précieuse. Concentre-toi sur les tâches à haute valeur ajoutée et limite les distractions. Utilise des outils pour organiser tes tâches, délègue ce que tu peux, et automatise les processus répétitifs. Apprends à dire non aux sollicitations inutiles pour préserver ton temps.

❿ Persévère à travers les échecs

L'échec fait partie du processus entrepreneurial. Ce qui te différencie, c'est ta capacité à persévérer malgré les obstacles. Apprends de tes erreurs, ajuste ta stratégie et continue d'avancer. Le succès vient rarement du premier coup, il est le fruit de la résilience et de la capacité à s'adapter.

EXERCICES

1. Anticiper le changement : Liste les 3 plus grandes transformations que ton entreprise pourrait subir ces deux prochaines années (technologie, personnel, marché). Quelles stratégies as-tu pour les gérer ?

1. ....
....
2. ....
....
3. ....
....

Action immédiate : Choisis une transformation clé et développe un plan de transition avec ton équipe. Intègre des étapes pour former et préparer ton personnel au changement.

....
....
....
....
....
....
....

2. Communiquer en période de changement : Pense à une période récente de changement au sein de ton entreprise. Comment as-tu communiqué ce changement à ton équipe ? Qu'est-ce qui a fonctionné ou pas ?

....
....

Action immédiate : Identifie une future transition à venir et planifie un mode de communication clair et transparent. Demande un retour à ton équipe pour ajuster le processus.

3. Soutenir ton équipe en période de crise : Planifie un entretien individuel avec un membre de ton équipe pour comprendre comment il vit les transitions actuelles ou futures de l'entreprise.

Action immédiate : Demande-lui ce qu'il pense des changements et s'il a des suggestions pour améliorer les transitions. Utilise ce feed-back pour ajuster ta stratégie.

CHAPITRE 9

L'ÈRE DE L'IA GÉNÉRATIVE

« J'admire les entrepreneurs, mais j'admire encore plus ceux qui se lancent une seconde fois, car eux savent ! » Cette phrase que m'a dite un jour Dominique Vidal n'a cessé de résonner en moi. Elle capture parfaitement la profondeur de l'expérience vécue par un entrepreneur qui choisit de lancer une nouvelle aventure après avoir vendu une première entreprise. Nous savons que l'entrepreneuriat est un chemin ardu. Nous savons que le glamour associé à la création d'une entreprise ne dure que quelques instants, tandis que les défis, eux, sont constants. Surtout, nous savons que chaque étape est marquée par des moments de doute, d'effort intense et de sacrifices personnels. Cependant, lorsque l'on sait aussi que cela peut marcher, cela change tout. La confiance ne repose plus uniquement sur l'enthousiasme du début, mais sur l'expérience accumulée, sur les leçons tirées de nos succès et de nos échecs. Cette conviction, forgée dans le feu de l'entrepreneuriat, m'a poussée à lancer Volubile après la vente de Qapa.

Cette fois, je savais que l'opportunité qui se présentait à moi n'était pas simplement de recommencer ce que j'avais déjà accompli. Ce nouveau projet allait s'appuyer sur une révolution technologique radicale : l'Intelligence Artificielle Générative, une transformation qui, à mon sens, allait bouleverser non seulement mon domaine, mais toutes les industries. Pour comprendre pourquoi j'ai choisi cette voie, il faut remonter à la genèse de cette technologie car l'histoire de l'IA ne commence pas avec l'IA Gen. Elle remonte aux premières tentatives d'imaginer des machines capables de penser, de résoudre des problèmes, et d'imiter les processus cognitifs humains. Dès les années 1950, des pionniers comme Alan Turing ont formulé des concepts fondamentaux sur la possibilité de créer des machines intelligentes. Le fameux test de Turing, que ce dernier a proposé dans un article en 1950, visait à déterminer si une machine pouvait se faire passer pour un être humain dans une conversation.

C'est cette idée qui a conduit à des décennies de recherche sur ce que l'on appelle aujourd'hui l'IA classique. L'objectif était de créer des systèmes capables de résoudre des problèmes logiques, d'automatiser des tâches complexes, et de prendre des décisions sur la base de données préexistantes. Pendant des années, l'IA s'est concentrée sur des approches fondées sur des règles, avec des algorithmes capables de traiter de grands volumes de données et d'automatiser certaines fonctions. Par exemple, des algorithmes d'apprentissage automatique ont été utilisés pour améliorer la reconnaissance d'images ou l'analyse de données financières. Cependant, malgré ces avancées, l'IA restait limitée dans sa capacité à créer. Les IA basées sur des règles pouvaient reproduire des processus établis, mais elles n'étaient pas capables d'improviser, d'imaginer ou de générer du contenu nouveau. En d'autres termes, elles étaient excellentes pour automatiser des tâches, mais restaient très éloignées de la créativité humaine.

C'est là que l'IA Gen entre en scène. Elle ne se contente pas de suivre des règles préétablies, elle apprend, innove et, surtout, elle génère. L'IA Gen a transformé l'IA en un outil de création, capable de produire du contenu original en réponse à des données. Elle ne se contente plus d'imiter la pensée humaine ; elle s'en approche. Le véritable tournant dans l'histoire de l'IA est survenu avec l'apparition des réseaux neuronaux artificiels, plus particulièrement des réseaux neuronaux profonds (*deep learning*). Inspirés du fonctionnement du cerveau humain, ces modèles sont constitués de neurones artificiels qui communiquent entre eux en traitant des informations de manière distribuée. Cela a permis des progrès

L'ENTREPRENEURIAT
EST UN CHEMIN ARDU,
LE GLAMOUR ASSOCIÉ
À LA CRÉATION
D'UNE ENTREPRISE
NE DURE QUE
QUELQUES
INSTANTS... LES
DÉFIS, EUX,
SONT CONSTANTS.

significatifs dans le domaine de la reconnaissance d'images, de la parole, et du traitement du langage.

Puis en 2014, Ian Goodfellow a eu l'idée d'introduire des réseaux de neurones génératifs antagonistes (*Generative adversarial networks* ou GANs), soit des modèles d'apprentissage capables de générer des données nouvelles en opposant deux réseaux de neurones : un générateur, qui crée des contenus, et un discriminateur, qui évalue la qualité de ces contenus par rapport à des données réelles. Le résultat est stupéfiant : les GANs peuvent produire des images, des vidéos, et même des musiques qui semblent créées par des humains.

C'est dans ce contexte que des entreprises comme OpenAI ont vu le jour, avec pour mission d'explorer et d'amplifier le potentiel de l'IA Gen. OpenAI a été fondée en 2015 par une équipe de chercheurs et d'entrepreneurs de renom, dont Elon Musk et Sam Altman. Leur vision était claire : créer une IA suffisamment avancée pour bénéficier à l'ensemble de l'humanité, tout en s'assurant que cette technologie soit utilisée de manière responsable.

CRÉER UNE IA SUFFISAMMENT AVANCÉE POUR BÉNÉFICIER À L'ENSEMBLE DE L'HUMANITÉ, TOUT EN S'ASSURANT QUE CETTE TECHNOLOGIE SOIT UTILISÉE DE MANIÈRE RESPONSABLE.

En novembre 2022, OpenAI a dévoilé l'une de ses plus grandes réussites : GPT-3 (*Generative pre-trained transformer 3*), un modèle de traitement du langage naturel d'une ampleur sans précédent. Avec ses 175 milliards de paramètres, GPT-3 a révolutionné la manière dont nous comprenons et utilisons le langage. Non seulement ce modèle peut comprendre le texte, mais il peut également en générer avec une précision et une fluidité étonnantes. Le lancement de GPT-3 a été un choc pour l'ensemble du secteur technologique : jamais un modèle d'IA n'avait montré une telle capacité à simuler des interactions humaines de manière crédible. GPT-3 peut générer des articles, des conversations, des essais, des scripts, des lignes de code et même des poèmes. Il peut répondre à des questions complexes, traduire des langues, et offrir des solutions créatives à des problèmes que l'on croyait réservés à l'intellect humain.

Pour moi, en tant qu'entrepreneuse, c'était un moment décisif. J'avais passé des années à utiliser la technologie pour résoudre des problèmes pratiques dans le domaine du recrutement avec Qapa. Mais avec l'IA Gen, j'ai vu un potentiel bien plus grand. Il n'était plus simplement question d'automatiser des tâches ; il s'agissait de créer une toute nouvelle manière d'interagir, de communiquer et d'innover. GPT-3 et les technologies similaires permettent aux entreprises de générer du contenu personnalisé, d'offrir des réponses contextuelles à des questions complexes et, surtout, elles permettent de créer des expériences interactives qui n'étaient tout simplement pas possibles auparavant.

AVEC L'IA GEN, J'AI VU UN POTENTIEL BIEN PLUS GRAND.

En m'appuyant sur cette nouvelle vague technologique, j'ai imaginé une solution qui répondrait aux besoins des entreprises, en transformant radicalement leurs relations avec leurs clients. La possibilité de créer des agents conversationnels capables d'engager des dialogues authentiques et fluides avec les clients, sans que ceux-ci se rendent compte qu'ils parlent à une machine, était désormais à portée de main. Le secteur des centres d'appels et de la relation client est depuis longtemps confronté à des problématiques complexes : gérer de gros volumes d'appels, réduire les temps d'attente, maintenir une qualité constante et, bien sûr, gérer les coûts. La majorité des entreprises dépendent encore fortement de modèles basés sur des scripts ou des arbres de décision qui, malgré leur efficacité pour certaines tâches simples, n'offrent pas la flexibilité et l'adaptabilité nécessaires pour gérer des interactions plus complexes.

Volubile est né de l'intuition que l'IA Gen pouvait résoudre ces problèmes de manière unique. En s'appuyant sur la technologie GPT-3, nous avons pu développer des agents conversationnels capables de comprendre le langage humain de manière contextuelle, de répondre aux questions, de gérer des réclamations, et même de mener des conversations de vente, le tout sans arbre décisionnel rigide. La force de Volubile réside dans cette capacité à improviser. Contrairement aux chatbots traditionnels, qui sont limités à des scripts préprogrammés, nos agents IA sont capables de traiter une multitude de variables en temps réel et de s'adapter à chaque interlocuteur. L'IA comprend non seulement les mots prononcés, mais aussi le contexte, les intentions et les émotions derrière chaque interaction. Cela permet à Volubile de dépasser les limitations des systèmes automatisés classiques et d'offrir une expérience client d'une fluidité sans précédent. Ce qui était autrefois perçu comme une barrière à l'automatisation – la personnalisation et la complexité des interactions humaines – est devenu l'un des atouts majeurs de Volubile.

Avant de me lancer dans cette aventure, je me suis longuement interrogée sur l'impact réel que pourrait avoir l'IA Gen sur les interactions humaines. Nous avons tous déjà vécu l'expérience frustrante d'interagir avec un chatbot qui ne comprend pas vraiment nos questions ou qui donne des réponses superficielles. Les arbres décisionnels, aussi bien conçus soient-ils, restent des solutions rigides et limitées. C'est ce qui m'a poussée à imaginer un système plus intelligent, plus flexible. L'un des aspects les plus fascinants de l'IA Gen est qu'elle apprend constamment. Contrairement aux systèmes traditionnels, qui nécessitent des mises à jour manuelles régulières, l'IA alimentée par GPT-3 apprend de chaque interaction et s'améliore au fil du temps. Ainsi, plus Volubile est utilisé, plus il devient performant. Il ne s'agit pas d'un simple outil d'automatisation, mais d'un véritable assistant conversationnel capable d'évoluer en permanence.

Je me souviens d'une première démonstration de Volubile auprès d'un client potentiel dans le secteur de la location de voitures. Il était sceptique quant à l'utilisation de l'IA pour gérer des interactions clients complexes, notamment celles qui nécessitent une personnalisation poussée et une compréhension contextuelle des besoins du client. Nous avons donc mis Volubile à l'épreuve : un client fictif a appelé le service clients pour réserver une voiture, puis a changé d'avis plusieurs fois, posant des questions sur les options disponibles, les assurances, et même sur les caractéristiques techniques des véhicules. Volubile a géré l'appel avec brio. Il a compris les changements de demande du client, s'est adapté à ses nouvelles questions, et a proposé des alternatives en temps réel, tout cela sans donner l'impression d'un échange robotisé. À la fin de la démonstration, le client potentiel était convaincu : « Je ne pensais pas que c'était possible, a-t-il dit, mais je n'ai pas compris que je parlais à une IA. »

Cette flexibilité, cette capacité à comprendre et à anticiper les besoins du client est l'une des plus grandes forces de l'IA Gen. Elle ouvre des possibilités infinies pour les entreprises, notamment en matière de relation clients. Que ce soit pour répondre aux questions, pour gérer des réclamations ou pour automatiser des ventes, Volubile transforme chaque interaction en une opportunité de renforcer la relation clients et d'optimiser les processus internes.

> **CETTE FLEXIBILITÉ, CETTE CAPACITÉ À COMPRENDRE ET À ANTICIPER LES BESOINS DU CLIENT EST L'UNE DES PLUS GRANDES FORCES DE L'IA GEN.**

Il est désormais clair pour moi que l'IA Gen ne se contentera pas de transformer certains secteurs économiques. Elle est destinée à redéfinir la manière dont les entreprises fonctionnent dans leur ensemble. Toutes les entreprises, quelle que soit leur taille, sont concernées. Qu'il s'agisse de multinationales ou de petites start-up, l'IA Gen offre des solutions innovantes et puissantes pour améliorer la productivité, renforcer la créativité et, surtout, améliorer l'expérience client.

Cela m'amène à une réflexion plus large sur l'avenir du travail. Pendant des années, nous avons craint que l'automatisation remplace les emplois humains. Bien que certaines tâches répétitives et à faible valeur ajoutée aient été automatisées, l'IA Gen propose quelque chose de différent. Elle permet de collaborer avec les humains, de les aider à accomplir leurs tâches de manière plus efficace, tout en leur permettant de se concentrer sur des activités à plus forte valeur ajoutée. Dans l'univers de la relation clients, par exemple, Volubile n'a pas vocation à remplacer les agents humains. Au contraire, il permet de gérer les tâches les plus routinières, telles que la gestion des appels entrants, les demandes d'informations basiques, ou les réservations. Cela libère les agents humains pour qu'ils se concentrent sur des cas plus complexes, où l'émotion et la créativité sont indispensables. En ce sens, l'IA générative devient un véritable partenaire de travail.

L'IA GÉNÉRATIVE DEVIENT UN VÉRITABLE PARTENAIRE DE TRAVAIL.

L'IA Gen va bien au-delà de la relation clients. Son potentiel d'application est immense. Des entreprises utilisent déjà l'IA pour générer des contenus marketing, des rapports financiers, des analyses de marché, ou encore des scénarios de ventes. Grâce à sa capacité à traiter des données à grande échelle et à générer du contenu en temps réel, elle permet d'automatiser non seulement des tâches administratives, mais aussi des processus créatifs. Imaginez un monde où l'IA Gen aide à concevoir des campagnes marketing personnalisées pour chaque client, génère des propositions commerciales adaptées à chaque prospect, ou rédige des rapports détaillés en fonction des objectifs de l'entreprise. Ce monde n'est pas si éloigné, et Volubile s'inscrit pleinement dans cette transformation.

Revenir à la genèse de Volubile, c'est aussi revenir à la question de la motivation. Beaucoup se sont demandé pourquoi, après avoir vendu Qapa, je voulais repartir dans une nouvelle aventure entrepreneuriale. J'aurais pu me contenter de mon premier succès, mais une force plus grande m'a poussée à recommencer. D'abord, la révolution de l'IA Gen était bien plus qu'un simple phénomène technologique. C'était un changement de paradigme. J'ai toujours été fascinée par l'impact des nouvelles technologies sur le travail et la manière dont elles redéfinissent nos pratiques. Avec l'IA Gen, j'ai vu une opportunité incroyable d'aller plus loin dans la création d'outils qui permettent aux entreprises d'innover, de mieux servir leurs clients, et de devenir plus compétitives.

Mais ce choix avait aussi une raison plus personnelle. En tant qu'entrepreneuse, ce qui m'a toujours animé, c'est le désir de créer des solutions concrètes à des problèmes réels. J'ai vu les difficultés que rencontrent les entreprises dans la gestion de leur relation clients, que ce soit à travers des centres d'appels surchargés ou des systèmes automatisés rigides qui frustrent autant les clients que les entreprises elles-mêmes. C'est à partir de ce constat que l'idée de Volubile est née. Je voulais créer un outil qui simplifie ces interactions, qui libère les entreprises des contraintes de gestion tout en offrant une expérience fluide et naturelle aux clients. Grâce à l'IA Gen, cela est devenu possible car Volubile n'est pas simplement un outil technologique, c'est une réponse à des besoins profonds et universels : la nécessité de simplifier, d'automatiser sans déshumaniser, et d'innover dans un monde en constante évolution. Il s'agit de redonner aux entreprises le contrôle de leurs processus tout en améliorant leur efficacité.

FICHE PRATIQUE 9

SE LANCER AVEC L'IA GEN

❶ Commence par des processus simples

Ne te lance pas immédiatement dans des projets complexes. Identifie d'abord les tâches les plus répétitives ou les plus chronophages de ton entreprise (gestion des e-mails, prise de rendez-vous, rédaction de contenu) et commence à intégrer l'IA pour automatiser ces processus.

❷ Teste avec une start-up spécialisée en agents IA

Toutes les IA ne se valent pas, et il peut être complexe de choisir la bonne technologie dès le départ. Pour commencer, le mieux est de collaborer avec une start-up qui développe des agents basés sur l'intelligence artificielle. Ces solutions clé en main te permettent de tester rapidement l'impact de l'IA dans ton entreprise, sans investir massivement dans une infrastructure interne. Tu pourras ainsi évaluer les résultats sans gros investissement.

❸ Mise sur l'apprentissage continu

Une des forces de l'IA Gen, c'est sa capacité à apprendre en permanence. Plus elle interagit, plus elle devient intelligente. Assure-toi d'avoir un système qui s'améliore avec le temps et tire parti des interactions passées pour offrir de meilleures réponses à l'avenir.

❹ Automatise les tâches à faible valeur ajoutée

Laisse l'IA gérer les tâches les plus routinières (appels basiques, demandes d'information, réservation, etc.). Cela permettra à tes équipes de se concentrer sur des missions à plus forte valeur ajoutée qui nécessitent créativité et relations humaines.

❺ Personnalise l'expérience utilisateur

L'IA Gen offre une expérience personnalisée à chaque client. En exploitant les capacités de traitement du langage naturel, tu peux proposer des réponses adaptées à chaque profil, améliorant ainsi l'expérience client et renforçant la fidélité.

❻ Teste et ajuste en permanence

L'implémentation de l'IA ne doit pas être figée. Teste tes premières intégrations sur un petit échantillon, mesure les performances, et ajuste-toi au fur et à mesure. Il est crucial d'adapter la technologie à tes besoins et non l'inverse.

❼ Implique tes équipes dès le début

L'introduction de l'IA dans une entreprise peut susciter des craintes. Assure-toi que tes équipes comprennent que l'IA peut les aider et non les remplacer. Organise des formations pour leur montrer les avantages et les associer au projet dès le départ.

❽ Sécurise tes données

L'IA Gen traite de grandes quantités de données. Assure-toi que tes systèmes respectent les règles de sécurité et de confidentialité des données, notamment celles liées aux informations clients. C'est crucial pour maintenir la confiance de tes utilisateurs.

❾ Fixe des objectifs clairs et mesurables

Avant de déployer l'IA, définis des objectifs précis : réduction du temps de réponse client, amélioration des taux de conversion, diminution des coûts opérationnels. Mesure régulièrement les progrès pour ajuster la stratégie aux résultats.

❿ Anticipe les évolutions

L'IA est une technologie en constante évolution. Ce qui est innovant aujourd'hui pourrait être standard demain. Reste à l'affût des dernières avancées et sois prêt à faire évoluer tes outils et stratégies en fonction des nouvelles capacités de l'IA Gen.

EXERCICES

1. Explorer les opportunités de l'IA : Liste 5 tâches répétitives ou chronophages dans ton entreprise qui pourraient être automatisées grâce à l'IA.

1. ....
2. ....
3. ....
4. ....
5. ....

Action immédiate : Choisis une tâche et recherche une solution d'IA pour l'automatiser (outil, logiciel, service). Implémente un test pilote.

....

....

....

....

....

2. Former tes équipes à l'IA : Quelle est la connaissance actuelle de tes équipes en matière d'IA ? Identifie 3 domaines où la formation pourrait les aider à mieux comprendre et utiliser l'IA.

1. ....
2. ....
3. ....

Action immédiate : Planifie une session de formation ou un atelier sur l'IA pour ton équipe, en commençant par un domaine clé qui les concerne directement.

3. Évaluer l'impact de l'IA sur ton secteur : Fais une recherche sur l'impact de l'IA dans ton secteur d'activité. Quels sont les changements majeurs déjà visibles et ceux à venir ?

....

....

....

....

....

Action immédiate : Rédige un rapport ou une présentation pour ton équipe sur l'impact potentiel de l'IA dans ton domaine, avec des propositions concrètes sur la manière de te préparer à ces évolutions.

....

....

....

....

....

....

....

....

....

....

....

....

....

....

....

....

....

....

....

....

....

....

CONCLUSION

Tout d'abord, un immense merci à toi, cher lecteur. Si tu as parcouru ces pages, c'est que tu es, toi aussi, animé par cette flamme, cette envie de dépasser les obstacles, de créer et de laisser ta marque. L'entrepreneuriat n'est pas une voie facile, tu le sais sûrement déjà. Il faut du courage, de la résilience et, surtout, une volonté inébranlable de continuer, peu importent les défis qui se dressent.

À travers ce livre, j'ai partagé mon parcours, mes doutes, mes victoires et mes découvertes. Si je peux te transmettre un seul message, c'est celui-ci : ne lâche jamais rien. Peu importent les embûches et les critiques, quand tu te demanderas si tout cela en vaut la peine : la réponse est oui. L'entrepreneuriat, c'est une aventure pleine de risques, mais aussi de moments de pur bonheur et de fierté quand tu vois ce que tu as bâti de tes propres mains.

Aujourd'hui, plus que jamais, le monde a besoin d'entrepreneurs audacieux, qui osent réinventer les règles, qui ne craignent pas d'échouer pour mieux se relever. Si tu te sens prêt, si cette aventure t'appelle, fonce. Crée. Construis. Écoute ton intuition. Travaille sans relâche. N'oublie jamais que le plus important, c'est de se lancer.

À toi maintenant.
La prochaine belle histoire, c'est peut-être la tienne.

ALISIO
L'éditeur des voix qui inspirent

Suivez notre actualité sur **www.alisio.fr**
et sur les réseaux sociaux LinkedIn,
Instagram, Facebook et X !

Alisio s'engage pour une fabrication écoresponsable !
« Des livres pour mieux vivre », c'est la devise de notre maison.
Et vivre mieux, c'est vivre en impactant positivement le monde
qui nous entoure ! C'est pourquoi nous avons fait le choix
de l'écoresponsabilité. Pour en savoir plus, rendez-vous sur notre site.

Alisio s'engage pour une édition plus durable :
Cet ouvrage est composé de matériaux issus de forêts bien gérées certifiées FSC®, de matériaux recyclés et de matériaux issus d'autres sources contrôlées.

MIXTE
Papier | Pour une gestion forestière responsable
FSC® C022829
FSC
www.fsc.org

Achevé d'imprimer en décembre 2024
sur les presses de la Nouvelle Imprimerie Laballery
58500 Clamecy
Dépôt légal : janvier 2025
N° d'impression : 412424

Imprimé en France

IMPRIM'VERT